JN040180

中学3年間の必須英単語が1冊で身につく

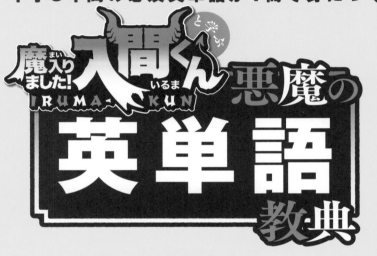

魔入りました！ 入間くん IRUMA-KUN 悪魔の

英単語 教典

原作 **西修** 英語監修 **阿部杏子** 代々木ゼミナール講師

KADOKAWA

✤ プロローグ

　この本では，ぼくが毎日，魔界で経験していることを英語で読めるようになっているよ。

　おじいちゃんやオペラさんとのこと，アズくんやクララのこと，カルエゴ先生やバラム先生と話したこと，アメリさんのこと，そして魔界でのできごとや，みんなのことを，たくさん知ってほしいな。

　単語は，人間界の中学校の教科書で多く扱われているものから選んであるよ。この本で，1300以上の単語や熟語を学ぶことができるんだって。

　みんなも，ぼくといっしょに，魔界を楽しみながら英語を覚えてね。

✤ 本書の特徴

英文
入間くんと，バビルスの先生や仲間たちとの生活を英文にしてあります。場面を見ながら読んでみましょう。魔界特有のことばなどは，人間界のわかりやすいことばにかえてあるものもあります。

発音記号・カタカナ発音
発音記号は，一般的な表記を採用。カタカナは，単語を発音しやすくなるよう，補足的に入れたものです。参考にしながら，声に出して読んでみましょう。

特別講座・豆知識
悪魔学校の先生や生徒たちが，人間界の中学校で学習する範囲の英語の文法についてわかりやすく説明し，単語をジャンルごとにまとめてくれています。しっかり整理して，正しく覚えましょう。

わかりやすさを重視
単語の意味・関連語などは，例外的なものや，日常生活で使うことがあまり多くないものを省き，よく使われるものを優先的に扱っています。

✿ キャラクター紹介

鈴木入間
頼まれると嫌と言えないお人好し。両親に売られ，大悪魔サリバンの孫として，人間だとバレないように魔界で暮らす。

アスモデウス・アリス
バビルスに主席で入学したが，入学式後の決闘以来，入間に忠誠を誓っている。問題児（アブノーマル）クラスの同級生。

ウァラク・クララ
明るい性格。打算なく遊んでくれる入間が大好き。問題児（アブノーマル）クラスの同級生。

サブノック・サブロ
力こそすべて，という考えだったが，魔王になるために努力するようになる。入間をライバル視している問題児（アブノーマル）クラスの同級生。

アザゼル・アメリ
バビルスの生徒会長。普段は威風堂々としているが，人間界の少女漫画『初恋メモリー』が大好きな乙女。密かに入間に恋している。

サリバン
魔界の英傑「13冠」にして魔界三傑の一柱。悪魔学校バビルスの理事長。孫の入間を溺愛している。

オペラ
サリバンの屋敷で働いている。バビルスの卒業生で，カルエゴ，バラムの先輩にあたる。冷静に入間を見守る。

アミィ・キリヲ
魔具研究師団（バトラ）所属の先輩。虚弱体質であるが，元祖返りの傾向が強く，他人が絶望する表情を狂気的に喜ぶ。悪魔学校破壊を企てる。

ナベリウス・カルエゴ
バビルスの教師。生真面目で厳粛。問題児（アブノーマル）クラスを受け持つ。目の敵にしている入間の使い魔に。

バラム・シチロウ
バビルスの生物教師。穏やかな性格で，嘘を見破る能力を持つ。カルエゴと同級生。人間が人間と知っている。

バルバトス・バチコ
弓の名手であるバルバトス家出身で，特別講師として入間に弓を教える。極度の甘党で，常にお菓子を食べている。サリバンが大好き。

Contents

この本で使用する記号

【動】動詞	【名】名詞	【代】代名詞	【助】助動詞
【形】形容詞	【副】副詞	【接】接続詞	【前】前置詞
【冠】冠詞	【間】間投詞		

用 使い方	例 例文	
活 動詞の変化形	格 代名詞変化形	
複 複数形	比 比較変化形	
⇔ 反意語・対義語	類 よく似た語，関連語など	
注 注意したいこと	⇒ 違う品詞になった形，派生語など	

❖❖❖❖❖❖❖❖❖❖❖❖❖❖❖❖❖❖❖❖❖❖

1 英文の構造

> 英語の文は主語（S），動詞（V），目的語（O），補語（C）の組み合わせで成り立つ。下の5つがその基本的な組み合わせだ。

種類	文の形	例
第1文型	**SV** （主語+動詞）	$\underset{S}{I} \underset{V}{run}.$ （私は走る）
第2文型	**SVC** （主語+動詞+補語）	$\underset{S}{Clara} \underset{V}{is} \underset{C}{cute}.$ **S = C** の関係（CはSを説明） （クララはかわいい）
第3文型	**SVO** （主語+動詞+目的語）	$\underset{S}{Opera} \underset{V}{makes} \underset{O}{dinner}.$ （オペラは夕食を作る）
第4文型	**SVO₁O₂** （主語+動詞+ 目的語+目的語）	$\underset{S}{She} \underset{V}{teaches} \underset{O_1}{us} \underset{O_2}{science}.$ →「O_1（のため）にO_2を」が基本 （彼女は私たちに理科を教える）
第5文型	**SVOC** （主語+動詞+ 目的語+補語）	$\underset{S}{The\ news} \underset{V}{made} \underset{O}{me} \underset{C}{sad}.$ **O = C** の関係（CはOを説明） （その知らせは私を悲しくさせた）

> これが基本の5つの形だ。副詞やそのほかの語句がつくこともあるが，まずは基本の形をおさえろ。

2 英語の品詞

英語の単語は、そのはたらきによって「名詞」や「動詞」、
「形容詞」、「副詞」などのグループに分けられるんだ。

■ 名詞…人や物などを表す。

1. 可算名詞（数えられる名詞）

可算名詞が2人、2つ以上の場合、複数形にする。

例	複数形
dog(イヌ)	dogs
box(箱)	boxes
library(図書館)	libraries
leaf(葉)	leaves
child(子ども)	children

例	複数形
apple(りんご)	apples
watch(腕時計)	watches
city(市,都市)	cities
knife(ナイフ)	knives
woman(女の人)	women

複数形の作り方は、
① 語尾にsをつける ② 語尾にesをつける
③ 最後のyをiに変えて語尾にesをつける
④ 最後のf, feをvにかえて語尾にesをつける
⑤ 大きく形が変わる
の5つのパターンがあるんだよ〜♪

2. 不可算名詞（数えられない名詞）

例：water（水）, English（英語）, baseball（野球）,
Japan（日本）, Iruma（入間）

決まった形がないものや、そもそも形がないもの、人名や地名
といった固有のものは数えられない、ということですね。

■ 動詞…動作・状態・関係性などを表す。

1. be動詞…おもに主語と主語を説明する語句をつなぐ。主語と時制に合わせてam, are, is, was, wereを使いわける。

You are kind. （あなたは親切だ）

My brother is a high school student. （私の兄は高校生だ）

2. 一般動詞…be動詞以外の動詞。行動や状態などを表す。主語が三人称・単数で現在の文のとき, sまたはesを語尾につけるなど, 形が変わる。過去形には, 規則的に変化するもの（規則動詞）と不規則に変化するもの（不規則動詞）がある。

例：buy（買う）, have（持つ）, like（好きだ）, make（作る）

I <u>have</u> a computer. （私はコンピュータを持っている）

■ 形容詞…名詞に説明を加える語。名詞にかかる場合と, 文の補語になる場合がある。

例：beautiful（美しい）, big（大きい）, hungry（空腹の）

I see a <u>big</u> cat. （私には<u>大きな</u>ネコが見える）
　　　　名詞を説明する
<u>I</u> am <u>hungry</u>. （私はおなかがすいている）
　　　主語を説明する（補語）

■ 副詞…名詞以外に説明を加える語。

例：always（いつも）, very（とても）

They <u>always</u> study in the library.
　　　　　　　動詞を説明　（彼らはいつも図書館で勉強する）
I am <u>very</u> happy. （私は<u>とても</u>うれしい）
　　　　形容詞を説明

8

■ 代名詞…名詞（句）の代わりに使ったり，人やものを指したりする語句。

1．指示代名詞…特定の人やもの，前に出た語句などを指す。

例：this（これ），these（これら），that（あれ，それ），those（あれら，それら）

This is a wing.（これは翼だ）

Those are hamburgers.（それらはハンバーガーだ）

2．人称代名詞…人やものの人称の区別を表す代名詞。文の中での役割にあわせて使い分ける。

	〜が，〜は（主格）	〜の（所有格）	〜を，〜に（目的格）	〜のもの（所有代名詞）
私	I	my	me	mine
私たち	we	our	us	ours
あなた(たち)	you	your	you	yours
彼	he	his	him	his
彼女	she	her	her	hers
それ	it	its	it	−
彼ら／彼女たち／それら	they	their	them	theirs

We are in the same class.（私たちは同じクラスだ）
主格

I know his sister.（私は彼のお姉さんを知っている）
　　所有格

They visited her yesterday.（彼らは昨日，彼女を訪ねた）
　　　　目的格

Your bike is blue. Mine is red.（あなたの自転車は青い。私のものは赤い）
　　　　　　所有代名詞

リズムをつけて声に出して読みながら，まとめて覚えてしまうのが，効率がよさそうだな。

悪魔学校バビルスの入学前基礎講座

■ 接続詞…語（句）と語（句），節と節をつなぐはたらきを持つ。

例：and（そして，〜と…），but（しかし），or（あるいは，〜または…），

if（もし〜ならば），when（〜するとき），because（〜だから）

<u>You</u> <u>and</u> <u>Kenta</u> like baseball.

（あなた<u>と</u>ケンタは野球が好きだ）

<u>When</u> I woke up, my mother wasn't at home.

（私が起きた<u>とき</u>，母は家にいなかった）

■ 冠詞…名詞の前につき，特定のものか，不特定のものかを示す役割をする。

1．a / an…不特定の，数えられる名詞の前に置く。続く語が母音（日本語の
ア・イ・ウ・エ・オにあたる）で始まる場合，anを使う。

I see a <u>bird</u> over there.（私には向こうに鳥が見える）

└── 子音で始まる語（bird）の前なのでaを置く

I have <u>an egg</u> in this box.（私はこの箱の中にたまごを1個持っている）

└── 母音で始まる語（egg）の前なのでanを置く

2．the…特定の名詞の前に置く。

I have <u>a cat</u>. <u>The cat</u> is cute.（私はネコを飼っている。

この時点では↑　　　↑　　　　　　　　そのネコはかわいい）

不特定　　　　　　「私が飼っているそのネコ」と特定されている

■ 前置詞…名詞の前に置く語で，場所や時間などを表すときに使う。

例：in（〜の中で[に]），on（〜の上に），to（〜へ），with（〜と一緒に）

Look at the flower <u>on</u> the table.

（テーブル<u>の上の</u>花を見て）

Jack went to the park <u>with</u> Mary.

（ジャックはメアリー<u>と一緒に</u>公園に行った）

動詞（P.12-13）と前置詞（P.26-27）については，
それぞれくわしく説明する。

３ 文の種類（肯定文・否定文・疑問文）

> それでは，英語の文の基本的な3つの形を見てみよう。
> be動詞の文と一般動詞の文で形が違うから，それぞれ
> 整理して覚えようね。

■ be動詞の文

１. 肯定文 I am Iruma. （ぼくは入間だ）
　　　　　主語　be動詞

２. 否定文 You are not a teacher. （あなたは教師ではない）
　　　　　　　　　└── be動詞のあとに not

３. 疑問文 Is he a new student? （彼は新入生ですか）
　　　　　　└── 主語の前にbe動詞
　　　　　　 − Yes, he is. （はい，そうです）　　　be動詞を使って
　　　　　　　 No, he is not. （いいえ，ちがいます）　答える

■ 一般動詞の文

１. 肯定文 I speak Japanese. （私は日本語を話す）
　　　　　主語（一人称）一般動詞

　　　　　　　Ken speaks Japanese. （ケンは日本語を話す）
　　　　　主語（三人称単数）　　一般動詞にsやesがつく

２. 否定文 I do not like tennis. （私はテニスが好きではない）
　　　　　　　　　└── 一般動詞の前に do not[don't]

　　　　　　Ken does not like tennis. （ケンはテニスが好きではない）
　　　　　　　　　　　└── 一般動詞の前に does not[doesn't]

３. 疑問文 Do you play the guitar? （あなたはギターをひきますか）
　　　　　　 − Yes, I do. （はい，ひきます）　　　doを使って
　　　　　　　 No, I do not. （いいえ，ひきません）　答える

> 主語が三人称単数で現在の文のときは，doはdoesに
> なることに気をつけろ！

4 be動詞・一般動詞の変形

P.8で見たように，英語の動詞には，be動詞と一般動詞の2種類がある。今回はその2種類の動詞の変形について学ぶぞ。

■ be動詞の変形

主語	be動詞	
	現在	過去
一人称(I)	am	was
二人称(you),we,複数	are	were
三人称(I,you以外)の単数	is	was

■ 一般動詞の変形

1．三人称単数現在形（主語が三人称単数で，現在の文のときの形）

原形	三人称単数現在形	原形	三人称単数現在形
live(住む)	lives	play ((スポーツなどを)する)	plays
teach(教える)	teaches	go(行く)	goes
wash(洗う)	washes	study(勉強する)	studies
fly(飛ぶ)	flies	have(持つ)	has

名詞みたいに，
①sをつける
②esをつける
③最後のyをiに変えてesをつける
④大きく形が変わる
のパターンがあるんだね〜。

2．過去形・過去分詞

・規則動詞…動詞にdまたはedをつける

原形	過去形	過去分詞
live(住む)	live<u>d</u>	live<u>d</u>
want(ほしい)	want<u>ed</u>	want<u>ed</u>
study(勉強する)	stud<u>ied</u>	stud<u>ied</u>

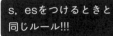

s, esをつけるときと
同じルール!!!

・不規則変化

① A-A-A型

原形	過去形	過去分詞
cut(切る)	cut	cut
put(置く)	put	put

形が変わらないパターンだ。

② A-B-A型

原形	過去形	過去分詞
become(なる)	became	become
come(来る)	came	come
run(走る)	ran	run

原形と過去分詞が同じ形なんだな。

③ A-B-B型

原形	過去形	過去分詞
build(建てる)	built	built
find(見つける)	found	found
have(持つ)	had	had
make(作る)	made	made
teach(教える)	taught	taught

過去形と過去分詞が同じ形なんやね。

④ A-B-C型

原形	過去形	過去分詞
do(する)	did	done
eat(食べる)	ate	eaten
go(行く)	went	gone
know(知る)	knew	known
speak(話す)	spoke	spoken

全部ちがうじゃん！

5 時制

英語では，過去や未来なんかの時間をどんなふうに表すか，知ってっか？ おおよそ，下のような表し方があるんだぜ。

1. 現在形…現在の状態や習慣になっている動作を表す。
→「入間はよく魔茶を飲む」

2. 現在進行形〈be動詞＋動詞のing形〉
…「(今)〜しているところだ」と，動作が進行中であることを表す。
→「入間は今，ボールを受ける練習をしているところだ」

3. 過去形…過去の状態や動作を表す。
→「アスモデウスは成績トップで入学した」

4. 過去進行形〈was/were＋動詞のing形〉
…「〜しているところだった」と，動作が進行していたことを表す。
→「リードはロビンとゲームをしていた」

5. 未来の文…未来の予定や意思を表す。
① 〈will＋動詞の原形〉(〜するだろう)
→「キリヲと入間はいつかまた出会うだろう」
② 〈be動詞＋going to＋動詞の原形〉(〜する予定だ)
→「入間はアメリと水族館に行く予定だ」

6. 現在完了形〈have/has＋過去分詞〉→ P.148, 149
① 完了…過去に始めた動作・状態が，今，完了したことを表す。
→「入間は1つ位階(ランク)があがった」
② 経験…今までにある行為・動作をした経験があることを表す。
→「入間はまだ指輪なしで魔術を使ったことがない」
③ 継続…過去に始めた動作・状態が今も続いていることを表す。
→「アスモデウスとクララはずっと入間の友だちだ」
④ 現在完了進行形〈have/has been＋動詞のing形〉
…過去に始めた動作・状態が現在も進行していることを表す。
→「入間はもう何時間もクララと遊んでいる」

第1章
アレフ

バビルスに入学した入間。
問題児(アブノーマル)クラスでの
悪魔学校生活が始まった。

That is Babyls, a school for demons.
あれが悪魔学校バビルスだよ。

Iruma is a good boy.
入間はお人好しである。

☐	**that** [ðǽt] ザット	【代】あれは [が]，それは [が] 【形】あの，その 注 that isはthat'sと短縮できる
☐	**is** [iz] イズ	【動】〜です，〜だ；〜にいる 例 My name is Iruma. ぼくの名前は入間です。
☐	**school** [skú:l] スクール	【名】学校
☐	**good** [gúd] グッド	【形】よい，じょうずな，うまい 比 better-best ⇔ **bad**：悪い，へたな
☐	**boy** [bɔ́i] ボイ	【名】男の子，少年 ⇔ **girl**：女の子，少女
☐	**can't** [kǽnt] キャント	【助】can（〜できる）の否定形 例 I can't fly.　ぼくは飛べない。
☐	**say** [séi] セイ	【動】（〜を）言う，〜だと言う 活 say-said-said 例 Everyone says to Iruma, "Please!" みんなが入間に「お願い!」と言う。
☐	**no** [nóu] ノウ	【副】いいえ，いや，だめだ 【名】いいえ（という答え） ⇔ **yes**：はい

Iruma can't say no.

入間はことわることができない。

Iruma is happy to eat delicious food.

入間はごちそうを食べて幸せである。

☐	**happy** [hǽpi] ハピィ	【形】幸せな，うれしい，楽しい 比 happier-happiest ⇔ unhappy：不幸な
☐	**delicious** [dilíʃəs] ディリシャス	【形】（とても）おいしい
☐	**food** [fúːd] フード	【名】食べ物 用 Japanese food：日本食，和食

Look at the presents from your grandpa.

おじいちゃんからのプレゼントを見てごらん。

☐	**look at ～**	～を見る 例 Look at that dog.　あの犬を見て。
☐	**present** [préznt] プレズント	【名】贈り物，プレゼント
☐	**grandpa** [grǽn(d)pɑ̀ː] グラン(ドゥ)パー	【名】おじいちゃん ⇔ grandma：おばあちゃん 注 grandfather：祖父 　grandmother：祖母 　grandchild：孫 　grandson：孫息子 　granddaughter：孫娘

Everybody in the classroom was afraid of the strict teacher, Kalego.

教室の全員が厳格なカルエゴ先生を怖がった。

□ **everybody** [évribàdi] エヴリバディ	【代】すべての人，だれでも，みんな 類 everyone
□ **classroom** [klǽsrù(:)m] クラスル(ー)ム	【名】教室
□ **be afraid of 〜**	〜が怖い 例 I'm afraid of the demon. 私は悪魔が怖い。
□ **strict** [stríkt] ストゥリクト	【形】厳格な，厳しい 比 stricter-strictest

cute and fluffy
かわいくてもふもふ

□ **cute** [kjúːt] キュート	【形】かわいい 比 cuter-cutest
□ **fluffy** [flʌ́fi] フラフィ	【形】ふわふわした 比 fluffier-fluffiest 例 This stuffed animal is fluffy. このぬいぐるみはもふもふです。

Kalego is so shocked that he can't get up.

カルエゴ先生はとてもショックで起き上がることができない。

☐ **so** [sóu] ソウ	【副】とても，非常に 類 very	
☐ **shocked** [ʃǽkt] シャックト	【形】ショックを受けた 例 I was shocked to hear the news. そのニュースを聞いてショックを受けた。	
☐ **get up**	起きる，起き上がる 例 I get up early every day. 私は毎日早く起きます。	

Clara is too active, so students don't want to be around her.

クララは元気すぎて生徒から敬遠されている。

☐ **too** [tú:] トゥー	【副】あまりにも，〜すぎる 注 tooには「〜も」の意味もある I'm happy, too.　私もうれしい。
☐ **active** [ǽktiv] アクティヴ	【形】活発な，元気な

☐ **student** [st(j)úːdnt] ストゥードゥント, ステュードゥント	【名】学生，生徒	

☐ **want to ～**	**～したい** 例 I want to see Iruma. 入間に会いたい。

☐ **around** [əráund] アラウンド	【前】～のまわりに［を］ 用 around the park：公園のまわりに

☐ **her** [hər] ハー	【代】彼女を［に］ ⇔ him：彼を［に］ 格 she-her-her-hers

Iruma doesn't need candy, juice or books.

入間はお菓子もジュースも本もいらない。

第1章 アレフ

☐ **need** [níːd] ニード	【動】～を必要とする

☐ **candy** [kǽndi] キャンディ	【名】お菓子，キャンディー 複 candies

☐ **juice** [dʒúːs] ヂュース	【名】ジュース，汁

☐ **book** [búk] ブック	【名】本，書物

They were exhausted from playing too much.
The three of them are friends and always together.

遊びすぎてへとへとになった。彼ら3人はいつも一緒にいる友達である。

☐	**they** [ðéi] ゼイ	【代】彼らは［が］ 格 they-their-them-theirs
☐	**were** [wɚ́r] ワァ	【動】areの過去形 活 is[am, are]-was[were]
☐	**play** [pléi] プレイ	【動】遊ぶ，（スポーツなど）をする， （楽器）を演奏する 用 play tennis：テニスをする play the guitar：ギターをひく
☐	**three** [θríː] スリー	【形】3（つ）の 【名】3, 3つ
☐	**them** [ðém] ゼム	【代】彼らを［に］ 格 they-their-them-theirs
☐	**friend** [frénd] フレンド	【名】友達，友人
☐	**always** [ɔ́ːlweiz] オールウェイズ	【副】いつも，常に
☐	**together** [təɡéðər] トゥゲザァ	【副】一緒に，ともに

22

These classmates are all cheerful and unique.

陽気で個性的なクラスメートばかりである。

☐ **these**
[ðíːz] ズィーズ

【代】これらは［が］
【形】これらの

☐ **classmate**
[klǽsmèit] クラスメイト

【名】クラスメート，同級生

☐ **all**
[ɔ́ːl] オール

【代】全部，全員，すべて，みな
【形】全部の，すべての

☐ **cheerful**
[tʃíərfəl] チアフル

【形】陽気な，明るい
比 more cheerful-most cheerful

☐ **unique**
[juːníːk] ユーニーク

【形】特有の，独特な

Must Iruma fly?

入間は飛ばなければならないのか？

☐ **must**
[məst] マスト

【助】〜しなければならない

☐ **fly**
[flái] フライ

【動】飛ぶ
活 fly-flew-flown
例 Iruma can't fly.　入間は飛べない。

A big bird is carrying Iruma and Sabnock to the red flag at the goal.

大きな鳥が入間とサブノックをゴールの赤い旗まで運んでくれている。

☐ **a**
[ə] ア

【冠】1つの，1人の

☐ **big**
[bíg] ビッグ

【形】大きい
比 bigger-biggest

☐ **bird**
[bə́:rd] バード

【名】鳥

☐ **carry**
[kǽri] キャリィ

【動】〜を（持ち）運ぶ，
〜を持っていく
例 He is carrying many boxes.
彼はたくさんの箱を運んでいる。

☐ **red**
[réd] レッド

【形】赤い
【名】赤

☐ **flag**
[flǽg] フラッグ

【名】旗

☐ **at**
[æt] アト

【前】〜で，〜に（場所を表す）
用 at school：学校で

☐ **goal**
[góul] ゴウル

【名】目標，ゴール

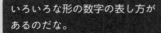

アズくんの豆知識　数字

いろいろな形の数字の表し方があるのだな。

number [nʌ́mbər] ナンバァ	数字

zero [zí(ə)rou] ズィ(ア)ロウ	0

one [wʌ́n] ワン	1
two [túː] トゥー	2
three [θríː] スリー	3
four [fɔ́ːr] フォー	4
five [fáiv] ファイヴ	5
six [síks] スィクス	6
seven [sévən] セヴン	7
eight [éit] エイト	8
nine [náin] ナイン	9
ten [tén] テン	10

eleven [ilévən] イレヴン	11
twelve [twélv] トゥウェルヴ	12
thirteen [θɔ̀ːrtíːn] サーティーン	13
fourteen [fɔ̀ːrtíːn] フォーティーン	14
fifteen [fìftíːn] フィフティーン	15
sixteen [sìkstíːn] スィクスティーン	16
seventeen [sèvəntíːn] セヴンティーン	17
eighteen [èitíːn] エイティーン	18
nineteen [nàintíːn] ナインティーン	19
twenty [twénti] トゥウェンティ	20

thirty [θɔ́ːrti] サーティ	30
forty [fɔ́ːrti] フォーティ	40
fifty [fífti] フィフティ	50
sixty [síksti] スィクスティ	60
seventy [sévənti] セヴンティ	70
eighty [éiti] エイティ	80
ninety [náinti] ナインティ	90
hundred [hʌ́ndrəd] ハンドレッド	100
thousand [θáuz(ə)nd] サウザンド, サウズンド	1,000
million [míljən] ミリョン	100万

■21〜99の数字：twenty-one, twenty-two, ……
■100〜999：one hundred, one hundred (and) one, ……
　　　　one hundred and ten, one hundred (and) eleven, ……
■1,000：one thousand　■10,000：ten thousand
■100,000：one hundred thousand ■1,000,000：one million
■10,000,000：ten million　■100,000,000：one hundred million
■1,000,000,000：one billion [bíljən] ビリョン

第1章　アレフ

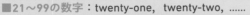

25

カルエゴ先生の特別講座　前置詞

■ 場所・方向を表す前置詞

on [ən]オン
～(の上)に[で],～に接して

in [ín]イン
～(の中)に[で]

at [æt]アト
～(せまい場所)に[で]

to [tə]トゥ
～へ

for [fər]フォ
～に向かって

from [frəm]フロム
～から

by [bai]バイ
～のそばに

near [níər]ニア
～の近くに

into [íntə]イントゥ
～の中へ

■ そのほかの前置詞

単語	訳
above [əbʌ́v] アバヴ	～の上の方に
below [bilóu] ビロウ	～の下の方に
along [əló(:)ŋ] アロ(ー)ング	～に沿って

単語	訳
under [ʌ́ndər] アンダァ	～の(真)下に
across [əkró(:)s] アクロ(ー)ス	～を横切って
between [bitwíːn] ビトゥウィーン	(2つ)の間に

■ 時間を表す前置詞

1.「〜に」を表すin, on, at

・〈in＋年，季節，月〉　in 1999（1999年に），in spring（春に）

　　　　　　　　　　　in July（7月に）

・〈on＋特定の日，曜日〉　on July 7th（7月7日に）

　　　　　　　　　　　　on Monday(s)（月曜日に）

・〈at＋時刻〉　at 11:00 a.m.（午前11時に）

2. for, from, by, until, before, after

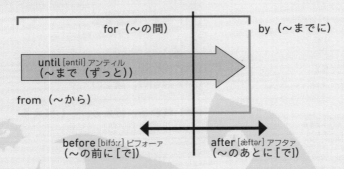

■ そのほかの前置詞

・**with** [wið]ウィズ　「〜と（一緒に）」「〜を使って」「〜で」

　Iruma lives with Sullivan.（入間はサリバンと一緒に住んでいる）

　Write your name with this pen.（このペンであなたの名前を書きなさい）

・**about** [əbáut]アバウト　「〜について」

　Let's talk about demons.（悪魔について話しましょう）

・**of** [áv]アヴ　「〜の」

　He is a member of our team.（彼は私たちのチームのメンバーだ）

・**by**　「〜によって」

　The dinner was cooked by Opera.（夕食はオペラによって料理された）

Asmodeus arrived first.
Iruma and Sabnock finished last.

1位はアスモデウス。ビリの入間とサブノック。

☐ **arrive** [əráiv] アライヴ	【動】着く，到着する 用 arrive at ～ : ～に到着する	
☐ **first** [fə́:rst] ファースト	【副】最初に，第1に 【形】最初の，第1の	
☐ **finish** [fíniʃ] フィニシ	【動】終わる，終える，～し終える 例 I finished my homework. 宿題は終わった。	
☐ **last** [lǽst] ラスト	【副】最後に 【形】最後の	

an owl hooting for the first time in hundreds of years

数百年ぶりに鳴いたフクロウ

☐ **owl** [ául] アウル	【名】フクロウ	
☐ **time** [táim] タイム	【名】時，時間 用 for the first time : 初めて	

☐ **hundreds of ～**	何百もの～ 類 thousands of ～：何千もの～
☐ **year** [jíər] イア	【名】年，1年 類 month：月，day：日，hour：時間 minute：分，second：秒

Black smoke came out of the ring.

指輪から黒煙が現れた。

☐ **black** [blǽk] ブラック	【形】黒い 【名】黒
☐ **smoke** [smóuk] スモウク	【名】煙
☐ **come out of ～**	～から出てくる 活 come-came-come 例 My mother came out of the house. 母が家から出てきた。
☐ **ring** [ríŋ] リング	【名】指輪 【動】～を鳴らす 活 ring-rang-rung

The newspaper on the wall had a big picture of Iruma.

壁に貼られた新聞には入間の写真ででかでかと入っていた。

newspaper
[n(j)úːzpèipər]
ヌーズペイパァ, ニューズペイパァ

【名】新聞，新聞紙

on
[ən] オン

【前】〜の上に
注 壁や天井にくっついているときにも使う
用 on the ceiling：天井に

wall
[wɔ́ːl] ウォール

【名】壁；へい

have
[hǽv] ハヴ

【動】〜がある，持っている；食べる
活 have-had-had
例 I have a science class today.
今日は理科の授業がある。
I have breakfast every morning.
私は毎朝朝食を食べる。

a picture of 〜

〜の写真
用 a picture of a dog：犬の写真

different kinds of flowers

いろんな種類の花

different
[díf(ə)rənt]
ディフ(ェ)レント

【形】いろいろな，ちがった
比 more different-most different
⇒ difference【名】ちがい

kind
[káind] カインド

【名】種類
用 many kinds of food
たくさんの種類の食べ物
【形】親切な，やさしい
比 kinder-kindest

Thanks to the ring, a lot of beautiful flowers bloomed.

指輪がたくさんの美しい花を咲かせた。

□ **thanks to ～**

～のおかげで
例 Thanks to my grandpa, I was able to come here.　おじいちゃんのおかげでぼくはここに来ることができた。

□ **beautiful**
[bjúːtəfəl] ビューティフル

【形】美しい，きれいな
比 more beautiful-most beautiful

□ **flower**
[fláuər] フラウア

【名】花

□ **bloom**
[blúːm] ブルーム

【動】花が咲く

第1章 アレフ

Maybe Iruma is a human.

入間はもしや人間かもしれない。

□ **maybe**
[méibi] メイビィ

【副】もしかしたら，たぶん，おそらく
類 perhaps, probably

□ **human**
[hjúːmən] ヒューマン

【名】人間，人
【形】人間の，人間的な

Ameri met Iruma for the first time.
It was like a scene from a comic book.

アメリと入間が初めて出会った。それはマンガのシーンのようだった。

☐ **meet** [míːt] ミート	【動】（〜に）会う，〜と出会う 活 meet-met-met
☐ **like** [láik] ライク	【前】〜のような
☐ **scene** [síːn] スィーン	【名】景色，光景； （映画・小説などの）場面，シーン
☐ **from** [frəm] フロム	【前】〜からの，〜出身の 例 I'm from Japan.　私は日本出身です。
☐ **comic book**	マンガ本

Ameri is interested in that comic book.

アメリはそのマンガに興味津々なのである。

| ☐ **be interested in 〜** | 〜に興味を持っている
例 I'm interested in demons.
私は悪魔に興味がある。 |

Iruma's life in the human world was really hard.

人間界での入間の生活は本当に困難だった。

☐	**life** [láif] ライフ	【名】生活，暮らし；生命，命，生き物 複 lives
☐	**world** [wə́:rld] ワールド	【名】世界；世界中の人々
☐	**really** [ríː(ə)li] リー(ア)リィ	【副】本当は，実際は，本当に
☐	**hard** [háːrd] ハード	【形】難しい，困難な；つらい 類 difficult ⇔ easy：簡単な 【副】熱心に

Ameri has a clear dream for her future.

アメリにははっきりした将来の夢がある。

☐	**clear** [klíər] クリア	【形】はっきりとした，澄んだ； 　　　晴れた，快晴の
☐	**dream** [dríːm] ドゥリーム	【名】夢，希望，理想 【動】夢を見る 活 dream-dreamed[dreamt] 　　 -dreamed[dreamt]
☐	**future** [fjúːtʃər] フューチァ	【名】将来　【形】将来の 用 in the future：将来

月や曜日など

私が，英語の月とかの
表し方を教えてやるぜ！

■ 月

month [mʌ́nθ] マンス	（暦の） 月				
January [dʒǽnjuèri] ヂャニュエリィ	1月	**May** [méi] メイ	5月	**September** [septémbər] セプテンバァ	9月
February [fébruèri] フェブルエリ	2月	**June** [dʒúːn] ヂューン	6月	**October** [ɑktóubər] アクトウバァ	10月
March [mɑ́ːrtʃ] マーチ	3月	**July** [dʒulái] ヂュライ	7月	**November** [nouvémbər] ノウヴェンバァ	11月
April [éiprəl] エイプリル	4月	**August** [ɔ́ːgəst] オーガスト	8月	**December** [disémbər] ディセンバァ	12月

日付は，「～番目（の）」を表す
「序数」を使うんだって！

■ 日付

first [fə́ːrst] ファースト	1日； 1番目（の）	**sixth** [síksθ] スィックスス	6日； 6番目（の）	**eleventh** [ilévənθ] イレヴンス	11日； 11番目（の）
second [sékənd] セカンド	2日； 2番目（の）	**seventh** [sévənθ] セヴンス	7日； 7番目（の）	**twelfth** [twélfθ] トゥウェルフス	12日； 12番目（の）
third [θə́ːrd] サード	3日； 3番目（の）	**eighth** [éitθ] エイトゥス	8日； 8番目（の）	**thirteenth** [θə̀ːrtíːnθ] サーティーンス	13日； 13番目（の）
fourth [fɔ́ːrθ] フォース	4日； 4番目（の）	**ninth** [náinθ] ナインス	9日； 9番目（の）	**twentieth** [twéntiəθ] トゥウェンティエス	20日； 20番目（の）
fifth [fifθ] フィフス	5日； 5番目（の）	**tenth** [ténθ] テンス	10日； 10番目（の）	**thirtieth** [θə́ːrtiəθ] サーティエス	30日； 30番目（の）

「21日」は twenty-first

「秋」は，autumn [ɔ́:təm] オータム
とも言うらしいよ。

■ 季節

season [síːzn] スィーズン	季節		
spring [spríŋ] スプリング	春	**fall** [fɔ́ːl] フォール	秋
summer [sʌ́mər] サマァ	夏	**winter** [wíntər] ウィンタァ	冬

■ 曜日

week [wíːk] ウィーク	週,一週間	**Thursday** [θə́ːrzdei] サーズデイ	木曜日
Sunday [sʌ́ndei] サンデイ	日曜日	**Friday** [fráidei] フライデイ	金曜日
Monday [mʌ́ndei] マンデイ	月曜日	**Saturday** [sǽtərdei] サタデイ	土曜日
Tuesday [t(j)úːzdei] テューズデイ	火曜日	**weekend** [wíːkènd] ウィークェンド	週末
Wednesday [wénzdei] ウェンズデイ	水曜日		

■ 時間帯

morning [mɔ́ːrniŋ] モーニング	朝;午前	**p.m.** [pìːém] ピーエム	午後
a.m. [èìém] エイエム	午前	**evening** [íːvniŋ] イーヴニング	夕方,晩
afternoon [æftərnúːn] アフタヌーン	午後	**night** [náit] ナイト	夜

■ 時刻の言い方

例：「午前11時45分」　11:45 a.m.[eleven forty-five a.m.]
　　「午後3時30分」　3:30 p.m.[three thirty p.m.]

時間を表す部分と分を表す部分で区切って読んで，
そのあとにa.m.やp.m.を置くんだね。

If you aren't ambitious, try to increase your rank.

野望がないなら位階(ランク)をあげることを目標にすればいい。

Raim's class is only for girls.

ライム先生の授業は男子禁制である。

☐	**if** [if] イフ	【接】もし〜ならば
☐	**ambitious** [æmbíʃəs] アンビシャス	【形】野心 [大望] のある
☐	**try** [trái] トゥライ	【動】試す，やってみる 用 try to 〜：〜しようとする
☐	**increase** [inkríːs] インクリース	【動】増やす；増える ⇔ decrease：減らす；減る
☐	**rank** [rǽŋk] ランク	【名】ランク，階級，地位
☐	**class** [klǽs] クラス	【名】授業，クラス 複 classes
☐	**only** [óunli] オウンリィ	【副】ただ〜だけ 【形】ただ1つの
☐	**girl** [gə́ːrl] ガール	【名】少女，女の子 ⇔ boy：少年，男の子

Clara did her best.

クララはがんばった。

☐ **do 〜's best**	**最善を尽くす，ベストを尽くす** 例 Do your best to become a doctor. 医者になるためにベストを尽くして。

Grandpa gave Iruma's hands the power to receive a ball.

おじいちゃんがボールを受けるパワーを入間の手に与えてくれた。

☐ **give**
[gív] ギヴ

【動】与える，あげる
活 give-gave-given

☐ **hand**
[hǽnd] ハンド

【名】手

☐ **power**
[páuər] パウア

【名】力，パワー

☐ **ball**
[bɔ́ːl] ボール

【名】ボール

Opera throws a ball. At last, severe training started.

オペラがボールを投げる。ついに厳しい特訓が始まった。

☐ **throw**
[θróu] スロウ

【動】投げる
活 throw-threw-thrown

☐ **severe**
[sivíər] スィヴィア

【形】厳しい，厳格な
比 more severe-most severe
[severer-severest]

☐ **training**
[tréiniŋ] トゥレイニング

【名】訓練，練習，トレーニング
⇒ train【動】訓練する

☐ **start** [stáːrt] スタート	【動】始まる；出発する ⇔ end：終わる，arrive：到着する 類 begin

Little by little, Iruma's hand started to hit the balls.

少しずつボールが入間の手に当たるようになった。

☐ **little by little**	少しずつ 例 His grades improved little by little. 彼の成績は少しずつよくなった。
☐ **hit** [hít] ヒット	【動】当たる，ぶつかる，打つ 活 hit-hit-hit

Clara took many colorful balls out of her pocket.

クララはポケットからたくさんの色とりどりのボールを取り出した。

☐ **take** [téik] テイク	【動】取る，連れていく 活 take-took-taken ⇔ bring：持ってくる，連れてくる
☐ **many** [méni] メニィ	【形】たくさんの 類 a lot of 〜：たくさんの〜
☐ **colorful** [kʌ́lərfəl] カラフル	【形】カラフルな，色とりどりの 注 colourfulとも書く
☐ **out of 〜**	〜（の中）から外へ 用 out of the room：部屋の外へ

☐ **pocket** [pákit] パケト	【名】ポケット	

Iruma didn't run away.
He moved forward toward
Asmodeus.

入間は逃げずにアスモデウスに向かって
前に出た。

☐ **run away**	逃げる 例 I ran away from a big dog. 私は大きな犬から逃げた。
☐ **move** [mú:v] ムーヴ	【動】動く，動かす
☐ **forward** [fó:rwərd] フォーワド	【副】前方へ ⇔ backward：後方へ
☐ **toward** [tó:rd] トード	【前】～に向かって 用 walk toward the library 図書館に向かって歩く

Iruma's team won. Asmodeus was impressed
from the bottom of his heart.

入間のチームは勝利した。アスモデウスは心の底から感動した。

☐	**team** [tíːm] ティーム	【名】チーム
☐	**win** [wín] ウィン	【動】勝つ 活 win-won-won
☐	**impress** [imprés] インプレス	【動】感動させる
☐	**bottom** [bátəm] バトム	【名】底，下部 用 the bottom of the sea：海底
☐	**heart** [háːrt] ハート	【名】心；心臓

Kalego promoted Iruma to the next level.

カルエゴ先生は入間を次のレベルに昇級させた。

☐	**promote** [prəmóut] プロモウト	【動】昇進させる
☐	**next** [nékst] ネクスト	【形】次の 【副】次に
☐	**level** [lévəl] レヴェル	【名】レベル，水準，階層

Sometimes you have to dance to be in a better relationship. And when it works, give me five!

よりよい関係でいるために，ときにはダンスをしなければならない。
うまくいったら，ハイタッチしようぜ！

☐ **sometimes** [sʌ́mtàimz] サムタイムズ	【副】ときどき，ときには
☐ **have to ～**	～しなければならない 例 I have to go.　行かなければ。
☐ **dance** [dǽns] ダンス	【動】踊る，ダンスをする 【名】ダンス
☐ **relationship** [riléiʃənʃip] リレイションシプ	【名】関係，結びつき
☐ **work** [wə́ːrk] ワーク	【動】働く，作業する；うまくいく
☐ **Give me five!**	ハイタッチしよう！ 注「ハイタッチ」はhigh-five

A familiar is not a pet or a partner.

使い魔はペットでもパートナーでもないのだ。
　※familiarは「使い魔」や「親友」などの意味

☐ **pet** [pét] ペット	【名】ペット	
☐ **partner** [pá:rtnər] パートゥナァ	【名】パートナー，仲間	

Asmodeus is loved and often asked many questions by girls.

女子たちに好かれ，しょっちゅう質問攻めの
アズくんである。

☐ **love** [lʌ́v] ラヴ	【動】愛する，大好きである 【名】愛，愛情
☐ **often** [ɔ́(:)fən, ɔ́(:)ftən] オ(ー)フン，オ(ー)フトゥン	【副】よく，たびたび
☐ **ask** [ǽsk] アスク	【動】たずねる，質問する 用 ask a question：質問する
☐ **question** [kwéstʃən] クウェスチョン	【名】質問

Battler is a kind of club activity.

師団(バトラ)とはクラブ活動のようなもので
ある。

☐ **a kind of ～**	～の一種，一種の～ 用 a kind of Japanese food 日本食の一種

☐	**club** [klʌb] クラブ	**【名】クラブ，部**	

☐	**activity** [æktívəti] アクティヴィティ	**【名】活動** 複 activities 用 club activities：クラブ活動

Iruma should choose his Battler carefully.

入間は師団(バトラ)を慎重に選ばなければ
ならない。

☐	**choose** [tʃúːz] チューズ	**【動】選ぶ** 活 choose-chose-chosen ⇒ choice【名】選択，選ぶこと

☐	**carefully** [kéərfəli] ケアフリィ	**【副】注意深く，念入りに** 比 more carefully-most carefully

Grandpa taught Iruma an important word.

おじいちゃんが入間に大切な呪文を教えて
くれた。

☐	**teach** [tíːtʃ] ティーチ	**【動】教える** 活 teach-taught-taught ⇒ teacher【名】先生

☐	**important** [impɔ́ːrtənt] インポートゥント	**【形】重要な，重大な，大切な** 比 more important-most important

☐	**word** [wə́ːrd] ワード	**【名】語，単語，言葉**

スポーツ・音楽

魔王たる者，軟弱であってはならぬ。
運動などたやすいわ！

sport [spɔ́:rt] スポート	スポーツ		**soccer** [sάkər] サカァ	サッカー
badminton [bǽdmintn] バドゥミントゥン	バドミントン		**softball** [sɔ́(:)ftbɔ̀:l] ソ(ー)フトゥボール	ソフトボール
baseball [béisbɔ̀:l] ベイスボール	野球		**swimming** [swímiŋ] スウィミング	水泳
basketball [bǽskitbɔ̀:l] バスケットゥボール	バスケットボール		**table tennis** [téibl ténis] テイブル テニス	卓球
dodgeball [dάdʒbɔ̀:l] ダヂボール	ドッジボール		**tennis** [ténis] テニス	テニス
skiing [skí:iŋ] スキーイング	スキー		**volleyball** [vάlibɔ̀:l] ヴァリボール	バレーボール

楽器か？ それくらいの教養，魔王たる者，
当然であろう。今度披露してやろう。

music [mjú:zik] ミューズィク	音楽		**piano** [piǽnou] ピアノウ	ピアノ
brass band [brǽs bǽnd] ブラス バンド	ブラスバンド, 吹奏楽団		**recorder** [rikɔ́:rdər] リコーダァ	リコーダー
drum [drʌ́m] ドゥラム	ドラム,太鼓		**sing** [síŋ] スィング	(歌を)歌う
flute [flú:t] フルート	フルート		**song** [sɔ́(:)ŋ] ソ(ー)ング	歌
guitar [gitά:r] ギター	ギター		**violin** [vàiəlín] ヴァイオリン	バイオリン

サブノックの
豆知識

第1章 アレフ

アズくんの
豆知識

日常生活

それでは私が入間様の日常生活を
紹介しましょう。

get up　起きる

→

eat breakfast　朝食を食べる

go to school　学校に行く

→

take a class　授業を受ける

■ そのほかの日常生活を表す語句

熟語	訳
brush ～'s teeth	歯をみがく
clear the table	食事の後片づけをする
do ～'s homework	宿題をする
go shopping	買い物をする

熟語	訳
take a walk	散歩をする
take out the garbage	ごみを出す
wash the dishes	皿を洗う
watch TV	テレビを見る

eat lunch　昼食を食べる

get home　帰宅する

eat dinner　夕食を食べる

take a bath　ふろに入る

さすが入間様，何をされて
いても麗しい…！

go to bed　寝る

■ 頻度 (ひんど) を表す副詞

熟語	訳
never [névər] ネヴァ	決して〜ない； 一度も〜ない
sometimes [sʌ́mtàimz] サムタイムズ	ときどき

熟語	訳
usually [júːʒuəli] ユージュアリィ	ふつう，たいてい
always [ɔ́ːlweiz] オールウェイズ	いつも，常に

日常生活を表す語句は，上のような頻度を
表す語と一緒に使われることが多いぞ。

疑問詞とは，whatやwhenなど，具体的な内容をたずねるときに使う言葉。疑問文の文頭に置くよっ♪

疑問詞	意味	例文
what [(h)wʌ́t] (フ)ワット	何	What do you have in your bag? (あなたはかばんに何を持っていますか)
when [(h)wén] (フ)ウェン	いつ	When will you go to America? (あなたはいつアメリカに行くつもりですか)
where [(h)wéər] (フ)ウェア	どこで[に]	Where are you from? (あなたはどこ出身ですか)
who [húː] フー	だれ	Who is that boy? (あの男の子はだれですか)
which [(h)wítʃ] (フ)ウィッチ	どれ，どの	Which is your desk? (あなたの机はどれですか)
whose [húːz] フーズ	だれのもの， だれの	Whose is that bicycle? (あの自転車はだれのものですか)
how [háu] ハウ	①どのくらい ②どのように	How tall are you? (身長はどのくらいですか) How can I get to that school? (その学校へはどのようにして行けますか)

■〈疑問詞＋名詞など〉

- what time「何時」
- 〈what＋名詞〉「どんな〜」
- 〈which＋名詞〉「どの〜」
- 〈whose＋名詞〉「だれの〜」
- 〈how many＋複数形の名詞〉「いくつ[何人]の〜」
- how long「どれくらい長く」
- how often「どれくらいの頻度で」

疑問詞がある疑問文に答えるときは，Yes/Noじゃなくて，具体的に問われている内容を答えようね。

第2章
ベト

キリヲと出会った入間は，
アスモデウス，クララと一緒に
魔具研究師団(バトラ)に入団。
花火打ち上げを計画した。

Sentence

Kiriwo is weak, but Iruma, Asmodeus and Clara decided to join Kiriwo's Magu Battler, not student council.

†††

入間たちは生徒会ではなく,体の弱いキリヲの
魔具研究師団(バトラ)に入団することにした。

weak [wíːk] ウィーク	【形】弱い；(コーヒーなどが) うすい ⇔ strong：強い；濃い ⇒ weakness【名】弱さ，弱点 weaken【動】弱くする；弱くなる
sick [sík] スィック	【形】病気の，病気で 類 ill ⇔ well：健康な，healthy：健康な ⇒ sickness【名】病気
homesick [hóumsìk] ホウムスィック	【形】ホームシックの，家を恋しがる 例 He got homesick. 彼はホームシックになった。
sore [sóːr] ソーァ	【形】痛い，ひりひりする 例 I have a sore throat.　のどが痛い。
but [bʌ́t] バット	【接】しかし，だが 類 however
and [ənd] アンド	【接】…と〜，そして
decide [disáid] ディサイド	【動】決める，決心する 用 decide to 〜：〜する決心をする ⇒ decision【名】決心
join [dʒóin] ヂョイン	【動】参加する，加わる
borrow [bárou] バロウ	【動】借りる ⇔ lend：貸す
student council	生徒会

第2章　ユ　ベ　ト

A lot of families will come to Battler Party.

師団披露(バトラパーティー)にはたくさんの家族が来る。

☐ **a lot of 〜**	たくさんの〜 用 a lot of books：たくさんの本 類 lots of 〜：たくさんの〜
☐ **family** [fǽm(ə)li] ファミリィ	【名】家族，家庭；一族 複 families
☐ **father** [fáːðər] ファーザァ	【名】父，父親 ⇔ mother：母，母親
☐ **mother** [mʌ́ðər] マザァ	【名】母，母親 ⇔ father：父，父親
☐ **grandfather** [grǽn(d)fàːðər] グラン(ドゥ)ファーザァ	【名】祖父，おじいさん ⇔ grandmother：祖母，おばあさん
☐ **grandmother** [grǽn(d)mʌ̀ðər] グラン(ドゥ)マザァ	【名】祖母，おばあさん ⇔ grandfather：祖父，おじいさん
☐ **baby** [béibi] ベイビィ	【名】赤ちゃん 複 babies
☐ **uncle** [ʌ́ŋkl] アンクル	【名】おじ，おじさん ⇔ aunt：おば，おばさん
☐ **aunt** [ǽnt] アント	【名】おば，おばさん ⇔ uncle：おじ，おじさん

☐	**come** [kʌ́m] カム	【動】来る 活 come-came-come ⇔ go：行く 例 Come and see me.　私に会いに来て。
☐	**visit** [vízit] ヴィズィット	【動】訪問する，訪れる 【名】訪問，見学
☐	**gather** [gǽðər] ギャザァ	【動】集める；集まる
☐	**enjoy** [indʒɔ́i] インヂョイ	【動】楽しむ 用 enjoy running：楽しんで走る
☐	**relax** [rilǽks] リラックス	【動】くつろぐ，リラックスする； 　　　リラックスさせる 例 Taking a bath relaxes me. 　　お風呂に入るとリラックスできる。
☐	**festival** [féstəvəl] フェスティヴァル	【名】祭り，祝い
☐	**party** [pɑ́:rti] パーティ	【名】パーティー 複 parties

第2章 ユベト

Iruma and his friends are going to set off fireworks.

入間たちは花火を打ち上げる予定だ。

☐	**fireworks** [fáiərwə̀:rks] ファイアワークス	【名】花火，花火大会 注 複数形fireworksで表す

A large field can be seen from the top floor windows.

最上階の窓から広い中庭が見える。

☐ **large** [láːrdʒ] ラーヂ	【形】大きい，広い　比 larger-largest ⇔ small：小さい	
☐ **wide** [wáid] ワイド	【形】(幅が) 広い ⇔ narrow：せまい	
☐ **field** [fíːld] フィールド	【名】競技場，グラウンド；野原 用 a soccer field：サッカー場	
☐ **garden** [gáːrdn] ガードゥン	【名】庭，庭園	
☐ **top floor**	(建物の) 最上階	
☐ **stairs** [stéərz] ステアズ	【名】階段 注 複数形stairsで表す	
☐ **elevator** [éləvèitər] エレヴェイタァ	【名】エレベーター 注 英国ではlift	
☐ **window** [wíndou] ウィンドウ	【名】窓，窓ガラス；窓口	

Iruma talked with Kiriwo in his secret room. They promised to win a special prize.

入間はキリヲの隠し部屋で彼と話し，特賞を取ろうと約束した。

☐ **talk** [tɔ́ːk] トーク	【動】話をする，しゃべる 例 I talked with Kiriwo.　キリヲと話した。	
☐ **speak** [spíːk] スピーク	【動】話す，演説する 活 speak-spoke-spoken ⇒ speech【名】演説，スピーチ	
☐ **tell** [tél] テル	【動】話す，言う 活 tell-told-told 例 Don't tell lies.　うそをつくな。	
☐ **secret** [síːkrit] スィークレト	【形】秘密の 【名】秘密	
☐ **room** [rú(ː)m] ル(ー)ム	【名】部屋；場所 用 make room for ～ 　　～に場所をあける	
☐ **door** [dɔ́ːr] ドーァ	【名】戸，ドア；玄関	
☐ **promise** [prámis] プラミス	【動】約束する 例 He promised to come back. 　　彼は戻ってくると約束した。 【名】約束	
☐ **special** [spéʃ(ə)l] スペシ(ャ)ル	【形】特別の，特殊な ⇔ general：一般の 【名】特別なもの	
☐ **prize** [práiz] プライズ	【名】賞，賞品，賞金 用 the Nobel Prize：ノーベル賞	
☐ **treasure** [tréʒər] トゥレジァ	【名】宝物，財宝；貴重品 【動】～を大事にとっておく	

第2章 コウベット

Sabnock is going to perform a drama about the Demon King.

サブノックは魔王活劇を演じる。

☐	**perform** [pərfɔ́:rm] パフォーム	【動】(役を)演じる，(劇を)上演する， (音楽を)演奏する
☐	**performer** [pərfɔ́:rmər] パフォーマァ	【名】役者，演奏者
☐	**performance** [pərfɔ́:rməns] パフォーマンス	【名】演技，上演，演奏
☐	**role** [róul] ロウル	【名】(役者の)役；任務；役割
☐	**drama** [drá:mə] ドゥラーマ	【名】劇，戯曲 類 play：劇 用 drama club：演劇部
☐	**instrument** [ínstrumənt] インストゥルメント	【名】道具 用 musical instrument：楽器

Kiriwo invoked magic with a necklace, and clear walls covered the school.

キリヲがネックレスで魔術を発動すると，
透明な壁が学校を包んだ。

☐	**necklace** [néklis] ネクレス	【名】ネックレス，首かざり

☐	**head** [héd] ヘッド	【名】頭，頭部（顔もふくめて首より上の部分）
☐	**neck** [nék] ネック	【名】首；（衣服の）えり
☐	**arm** [ɑ́:rm] アーム	【名】腕
☐	**leg** [lég] レッグ	【名】脚（足首からふとももの付け根の部分）
☐	**shoulder** [ʃóuldər] ショウルダァ	【名】肩
☐	**stomach** [stʌ́mək] スタマク	【名】胃，腹部，腹
☐	**hip** [híp] ヒップ	【名】腰，腰まわり
☐	**foot** [fút] フット	【名】足（足首から下の部分） 複 feet 用 on foot：歩いて，徒歩で
☐	**toe** [tóu] トウ	【名】足の指，つま先 用 a big toe：足の親指 a little toe：足の小指
☐	**cover** [kʌ́vər] カヴァ	【動】おおう，隠す 【名】おおい，カバー

生徒会長アメリの
豆知識

形容詞

「形容詞」というのは，人やものの状態・様子を説明するのだな。

■ 感情を表す形容詞

afraid [əfréid] アフレイド	こわがって	**happy** [hǽpi] ハピィ	幸せな，うれしい
angry [ǽngri] アングリィ	怒った，腹を立てた	**sad** [sǽd] サッド	悲しい
glad [glǽd] グラッド	うれしい	**sorry** [sɑ́:ri] サーリィ	残念で;申し訳なく思って

■ 天候・寒暖を表す形容詞

sunny [sʌ́ni] サニィ	晴れの	**windy** [wíndi] ウィンディ	風の強い，風のある
cloudy [kláudi] クラウディ	くもりの	**hot** [hát] ハット	暑い
rainy [réini] レイニィ	雨の	**warm** [wɔ́:rm] ウォーム	暖かい
snowy [snóui] スノウィ	雪の	**cool** [kú:l] クール	涼しい
stormy [stɔ́:rmi] ストーミィ	あらしの	**cold** [kóuld] コウルド	寒い

■ 味を表す形容詞

bitter [bítər] ビタァ	苦い	**sour** [sáuər] サウァ	すっぱい
delicious [dilíʃəs] ディリシャス	(とても)おいしい	**spicy** [spáisi] スパイスィ	香辛料のきいた
salty [sɔ́:lti] ソールティ	塩辛い，しょっぱい	**sweet** [swíːt] スウィート	甘い

■ 大小・新旧などを表す形容詞

large [láːrdʒ] ラーヂ	大きい, 広い	**short** [ʃóːrt] ショート	(時間・長さ・距離が)短い
big [bíg] ビッグ	大きい	**long** [lɔ́(ː)ŋ] ロ(ー)ング	(時間・長さ・距離が)長い
small [smɔ́ːl] スモール	小さい, 狭い	**old** [óuld] オウルド	古い; 年をとった
wide [wáid] ワイド	(幅が)広い	**new** [n(j)úː] ニュー, ヌー	新しい
narrow [nǽrou] ナロウ	(幅が)狭い	**elderly** [éldərli] エルダリィ	年配の
tall [tɔ́ːl] トール	背が高い	**young** [jʌ́ŋ] ヤング	若い

■ 様子や状態などを表す形容詞

beautiful [bjúːtəfəl] ビューティフル	美しい, きれいな	**empty** [ém(p)ti] エン(プ)ティ	空(から)の
busy [bízi] ビズィ	忙しい	**exciting** [iksáitiŋ] イクサイティング	(人を)興奮させる
boring [bɔ́ːriŋ] ボーリング	退屈な, うんざりさせる	**favorite** [féivərit] フェイヴァリト	大好きな, お気に入りの
clean [klíːn] クリーン	きれいな, 清潔な	**free** [fríː] フリー	ひまな;自由な
difficult [dífikəlt] ディフィカルト	難しい	**fresh** [fréʃ] フレシ	新鮮な
dirty [də́ːrti] ダーティ	汚い, 汚れた	**heavy** [hévi] ヘヴィ	重い
easy [íːzi] イーズィ	やさしい, 簡単な	**light** [láit] ライト	軽い

■ 性格などを表す形容詞

brave [bréiv] ブレイヴ	勇敢な, 勇ましい	**polite** [pəláit] ポライト	礼儀正しい, ていねいな
friendly [fréndli] フレンドゥリィ	友好的な, 親しみやすい	**rude** [rúːd] ルード	無礼な, 失礼な
honest [ánist] アネスト	正直な, 誠実な	**shy** [ʃái] シャイ	内気な, 恥ずかしがりの

Sentence

Asmodeus and Clara told Iruma the way.
Iruma ran down the hallway and looked for Kiriwo.

† † †

入間はアスモデウスとクララからの誘導で廊下を走り，
キリヲを探した。

☐ **way** [wéi] ウェイ	【名】道，道路；道のり；方向；方法 用 by the way：ところで on the way：途中で	
☐ **run** [rʌ́n] ラン	【動】走る；（川などが）流れる； （機械などが）動く；経営する 活 run-ran-run	
☐ **reach** [ríːtʃ] リーチ	【動】着く，到着する；届く	
☐ **hallway** [hɔ́ːlwèi] ホールウェイ	【名】廊下，玄関の広間	
☐ **road** [róud] ロウド	【名】道，道路 類 street：通り，path：小道	
☐ **street** [stríːt] ストゥリート	【名】通り，街路，大通り	
☐ **path** [pǽθ] パス	【名】小道	
☐ **look for ～**	～を探す 例 Clara looked for Iruma. クララは入間を探した。	
☐ **look forward to ～**	～を楽しみにして待つ 例 I'm looking forward to the festival. お祭りを楽しみにしています。	
☐ **look around**	見回す，周りを見る	
☐ **have a look**	（ちょっと）見る	

第2章 ② ベト

Kiriwo said, "You and I are similar."
But Iruma realized that was wrong.

キリヲは自分と入間は似ていると言ったが，入間はそれは間違っていると気づいた。

☐ **you** [ju(ː)] ユ(ー)	【代】あなた（たち）は［が］； 　　　あなた（たち）を［に］ 格 you-your-you-yours
☐ **I** [ái] アイ	【代】私は，私が　注 常に大文字で書く 格 I-my-me-mine
☐ **he** [hi(ː)] ヒ(ー)	【代】彼は，彼が ⇔ she：彼女は，彼女が 格 he-his-him-his
☐ **similar** [símələr] スィミラァ	【形】似ている，同様の
☐ **same** [séim] セイム	【形】(the sameで) 同じ，同一の
☐ **realize** [ríː(ː)əlàiz] リ(ー)アライズ	【動】よくわかる，悟る； 　　　（計画などを）実現する
☐ **wrong** [rɔ́(ː)ŋ] ロ(ー)ング	【形】間違った；具合が悪い ⇔ right：正しい
☐ **right** [ráit] ライト	【形】右の；正しい　【副】右に；正しく 【名】右；正しいこと；権利 ⇔ left：左の，左に，左

☐ **left** [léft] レフト	【形】左の　【副】左に　【名】左 ⇔ right：右の，右に，右	

☐ **straight** [stréit] ストゥレイト	【形】まっすぐな；正直な 【副】まっすぐに；正直に

☐ **turn** [tə́:rn] ターン	【動】回す；回る 【名】回転；順番

☐ **corner** [kɔ́:rnər] コーナァ	【名】曲がり角，角；すみ 例 Turn left at that corner. あの角で左に曲がって。

☐ **traffic light**	交通信号

Iruma has learned many things from challenges in the netherworld.

入間は魔界での挑戦で，たくさんのことを学んできた。

☐ **learn** [lə́:rn] ラーン	【動】習う，学ぶ

☐ **thing** [θíŋ] スィング	【名】もの，こと

☐ **challenge** [tʃǽlindʒ] チャレンヂ	【動】挑戦する 【名】挑戦，課題

☐ **everyone** [évriwʌ̀n] エヴリワン	【代】だれでも，みんな 注 単数扱い

☐	**there** [ðeər] ゼア	【副】そこに，そこで 【名】そこ
☐	**impressed** [imprést] インプレスト	【形】感動した，感銘を受けた 例 I was impressed with the speech. そのスピーチに感動した。
☐	**by** [bai] バイ	【前】～によって，～で； ～のそばに；～までに
☐	**wonderful** [wʌ́ndərfəl] ワンダフル	【形】すばらしい；驚くべき 比 more wonderful-most wonderful
☐	**peaceful** [píːsfəl] ピースフル	【形】平和な，おだやかな ⇒ peace【名】平和 peacefully【副】平和に，おだやかに
☐	**perfect** [pə́ːrfikt] パーフェクト	【形】完全な；申し分のない
☐	**smile** [smáil] スマイル	【動】ほほえむ 例 She smiled at me. 彼女は私にほほえんだ。 【名】ほほえみ
☐	**laugh** [lǽf] ラフ	【動】笑う 用 laugh at ～：～を見て笑う
☐	**laughter** [lǽ(ː)ftər] ラ(ー)フタァ	【名】笑い；笑い声

Everyone there was impressed by the wonderful fireworks and smiled.

そこにいただれもがすばらしい花火に感動し，笑顔になった。

Sullivan stopped the fire in the sky.

サリバンが上空で火の玉を止めた。

☐	**fire** [fáiər] ファイア	【名】火；火事 用 on fire：燃えて
☐	**water** [wɔ́:tər] ウォータァ	【名】水 【動】水をやる，水をまく
☐	**sky** [skái] スカイ	【名】空，大空，天
☐	**cloud** [kláud] クラウド	【名】雲 【動】くもる，くもらせる ⇒ cloudy【形】くもった
☐	**air** [éər] エア	【名】空気，空中 用 fresh air：新鮮な空気
☐	**rain** [réin] レイン	【名】雨 【動】雨が降る ⇒ rainy【形】雨の，雨降りの
☐	**snow** [snóu] スノウ	【名】雪 【動】雪が降る ⇒ snowy【形】雪の，雪の降る
☐	**wind** [wínd] ウィンド	【名】風 ⇒ windy【形】風の強い
☐	**wet** [wét] ウェット	【形】濡れた，しめった ⇔ dry：かわいた
☐	**weather** [wéðər] ウェザァ	【名】天気，天候

第2章 ユベト

入間の ひとりごと

食べ物

いつか，アズくんやクララと，人間界の食べ物を食べたいな。

■ 食べ物

beef [bí:f] ビーフ	牛肉
bread [bréd] ブレッド	パン
chicken [tʃíkin] チキン	とり肉
curry [kə́:ri] カーリィ	カレー
fish [fíʃ] フィッシ	魚, 魚肉
fried chicken [fráid tʃíkin] フライド チキン	フライドチキン

noodle [nú:dl] ヌードゥル	ヌードル, めん
omelet [ám(ə)lit] アムレト	オムレツ
parfait [pɑːrféi] パーフェイ	パフェ
pie [pái] パイ	パイ
pork [pɔ́:rk] ポーク	豚肉
rice [ráis] ライス	米
sausage [sɔ́(:)sidʒ] ソ(ー)セヂ	ソーセージ
steak [stéik] ステイク	ステーキ

■ 果物, 野菜

cabbage [kǽbidʒ] キャビヂ	キャベツ
carrot [kǽrət] キャロット	ニンジン
cherry [tʃéri] チェリィ	サクランボ
grape [gréip] グレイプ	ブドウ
lemon [lémən] レモン	レモン
melon [mélən] メロン	メロン
mushroom [mʌ́ʃru(:)m] マシル(ー)ム	キノコ, マッシュルーム

onion [ʌ́njən] アニアン	タマネギ
orange [ɔ́:rindʒ] オーリンヂ	オレンジ
peach [pí:tʃ] ピーチ	モモ
pineapple [páinæpl] パイナプル	パイナップル
potato [pətéitou] ポテイトウ	ジャガイモ
tomato [təméitou] トメイトウ	トマト
watermelon [wɔ́:tərmèlən] ウォータメロン	スイカ

入間の
ひとりごと

町・職業

町中にある施設はどう言うのかな？

aquarium [əkwé(ə)riəm] アクウェ(ア)リアム	水族館
bookstore [búkstɔ:r] ブックストーア	書店
convenience store [kənví:njəns stɔ̀:r] コンヴィーニエンス ストーァ	コンビニエンス ストア
department store [dipá:rtmənt stɔ̀:r] ディパートメント ストーァ	デパート
house [háus] ハウス	家
museum [mjuːzí(ː)əm] ミューズィ(ー)アム	博物館,美術館

police station [pəlí:s stèiʃən] ポリース ステイション	警察署
restaurant [réstərənt] レストラント	レストラン
shrine [ʃráin] シライン	神社
station [stéiʃən] ステイション	駅
supermarket [súːpərmàːrkit] スーパマーケト	スーパーマーケット
temple [témpl] テンプル	寺,寺院
zoo [zúː] ズー	動物園

第2章　ベト

学校を卒業したあとの進路？
う～ん，将来かぁ。

artist [á:rtist] アーティスト	芸術家
astronaut [æstrənɔ̀:t] アストロノート	宇宙飛行士
cook [kúk] クック	料理人
doctor [dáktər] ダクタァ	医者
farmer [fá:rmər] ファーマァ	農場経営者, 農場主

firefighter [fáiərfàitər] ファイアファイタァ	消防士
nurse [nə́:rs] ナース	看護師
pilot [páilət] パイロット	パイロット
police officer [pəlí:s ɔ̀(:)fisər] ポリース オ(ー)フィサァ	警察官
vet [vét] ヴェット	獣医

They're Clara's funny brothers and sisters.
クララのゆかいなきょうだいたちである。

Iruma took a photo with his lovely family.
入間はすてきな家族と写真を撮った。

☐ **funny** [fʌ́ni] ファニィ	**【形】** おもしろい，おかしい 比 funnier-funniest	

brother
[brʌ́ðər] ブラザァ
【名】兄弟，兄，弟
⇔ sister：姉妹，姉，妹

sister
[sístər] スィスタァ
【名】姉妹，姉，妹
⇔ brother：兄弟，兄，弟

pretty
[príti] プリティ
【形】きれいな，かわいい
比 prettier-prettiest
【副】かなり，相当
用 pretty well：かなり上手に

careful
[kéərfəl] ケアフル
【形】注意深い
比 more careful-most careful
⇔ careless：不注意な
⇒ carefully【副】注意深く

tiny
[táini] タイニィ
【形】とても小さい
比 tinier-tiniest
⇒ huge：巨大な

helpful
[hélpfəl] ヘルプフル
【形】助けになる，役に立つ
比 more helpful-most helpful

photo
[fóutou] フォウトウ
【名】写真
注 photographを短縮した語
類 picture

photographer
[fətá:grəfər] フォターグラファ
【名】写真家

camera
[kǽmərə] キャメラ
【名】カメラ

☐	**smartphone** [smά:rtfòun] スマートフォウン	【名】スマートフォン
☐	**movie** [mú:vi] ムーヴィ	【名】映画，動画 注 filmとも言う
☐	**theater** [θíətər] スィアタァ	【名】劇場，映画館 用 movie theater：映画館
☐	**TV** [ti:ví:] ティーヴィー	【名】テレビ；テレビ放送 注 televisionの略
☐	**program** [próugræm] プロウグラム	【名】番組，プログラム 用 TV program：テレビ番組
☐	**with** [wið] ウィズ	【前】～と一緒に；～を使って； ～を身につけて
☐	**his** [hiz] ヒズ	【代】彼の；彼のもの ⇔ her：彼女の；hers：彼女のもの 格 he-his-him-his
☐	**lovely** [lʌ́vli] ラヴリィ	【形】かわいらしい，すてきな 比 lovelier-loveliest
☐	**nice** [náis] ナイス	【形】すてきな，すばらしい；楽しい
☐	**quiet** [kwáiət] クワイエト	【形】静かな，音のしない；もの静かな ⇔ noisy：さわがしい，うるさい 例 Be quiet! 静かに！
☐	**silent** [sáilənt] サイレント	【形】沈黙した，無言の；無音の ⇔ noisy：さわがしい，うるさい ⇒ silence【名】沈黙；静けさ

Kalego prepared a special award for the most popular Battler.

カルエゴ先生がいちばん人気の師団（バトラ）に特別賞を準備した。

☐	**prepare** [pripéər] プリペア	【動】準備する，用意する ⇒ preparation【名】準備
☐	**award** [əwɔ́:rd] アウォード	【名】賞，賞品 類 prize 【動】賞を与える
☐	**popular** [pápjulər] パピュラァ	【形】人気のある，流行の 比 more popular-most popular
☐	**national** [nǽʃ(ə)nəl] ナシ(ョ)ナル	【形】国民の；国家の 用 a national flag：国旗
☐	**local** [lóukəl] ロウカル	【形】地方の，地元の
☐	**foreign** [fɔ́(:)rin] フォ(ー)リン	【形】外国の ⇔ domestic：国内の
☐	**late** [léit] レイト	【形】遅い，遅れた 【副】遅く，遅れて 用 be late for ～：～に遅れる ⇔ early：早い，早く
☐	**traditional** [trədíʃ(ə)nəl] トゥラディシ(ョ)ナル	【形】伝統の，伝統的な；伝説の
☐	**several** [sév(ə)rəl] セヴラル	【形】いくつかの 【代】数個，数人

Ameri said, "Iruma is an excellent demon."

アメリは「入間は優秀な悪魔だ」と言った。

☐	**experience** [ikspí(ə)riəns] イクスピ(ア)リエンス	【名】経験，体験 【動】経験する
☐	**communicate** [kəmjúːnəkèit] コミューニケイト	【動】伝える，伝達する 用 communicate with each other 　　お互いの意思を通じ合わせる
☐	**hear** [híər] ヒア	【動】聞こえる 活 hear-heard-heard 用 I hear ～：～だそうだ
☐	**select** [səlékt] セレクト	【動】選ぶ ⇒ selection【名】選ぶこと，選択
☐	**respect** [rispékt] リスペクト	【動】尊敬する，尊重する 【名】尊敬，敬意
☐	**excellent** [éksələnt] エクセレント	【形】すぐれた，優秀な 注 比較級・最上級にならない
☐	**nervous** [nə́ːrvəs] ナーヴァス	【形】神経質な；心配な；神経の 用 get nervous：緊張する
☐	**demon** [díːmən] ディーモン	【名】悪魔；鬼，鬼神

Kuromu doesn't actually want to lose to Iruma.

くろむは本当は入間に負けたくない。

☐	**actually** [ǽktʃuəli] アクチュアリィ	【副】実は；実際に
☐	**probably** [prábəbli] プラバブリィ	【副】たぶん，きっと 類 perhaps, maybe
☐	**forever** [fərévər] フォレヴァ	【副】永久に，永遠に 注 for everとも書く
☐	**easily** [í:zəli] イーズィリィ	【副】簡単に，容易に 比 more easily-most easily
☐	**once** [wʌ́ns] ワンス	【副】1度，1回；かつて，以前に 【名】1度，1回 【接】1度〜すると，いったん〜したら
☐	**twice** [twáis] トゥワイス	【副】2度，2回；2倍
☐	**lose** [lú:z] ルーズ	【動】負ける；失う；道に迷う 活 lose-lost-lost
☐	**pull** [púl] プル	【動】引く，引っ張る ⇔ push：押す
☐	**encourage** [inkə́:ridʒ] インカーレヂ	【動】勇気づける，はげます 用 encourage him to study 彼に勉強するようにすすめる

Iruma realized the fact because he could see her glasses.

入間はメガネが見えたので，事実に気づいた。

☐	**fact** [fǽkt] ファクト	【名】事実，現実 用 in fact：実際は，実は
☐	**see** [síː] スィー	【動】見える，見る；会う 例 I see. わかりました。 See you. ではまた。
☐	**connect** [kənékt] コネクト	【動】つなぐ，連結する 用 connect two cities 2つの都市を結ぶ
☐	**recognize** [rékəgnàiz] レコグナイズ	【動】わかる，認識する
☐	**express** [iksprés] イクスプレス	【動】表現する ⇒ expression【名】表現 【形】急行の 【名】急行
☐	**glass** [glǽ(ː)s] グラ(ー)ス	【名】ガラス；コップ，グラス 注 複数形 glasses：メガネ
☐	**cap** [kǽp] キャップ	【名】(ふちのない) ぼうし 用 baseball cap：野球帽
☐	**hat** [hǽt] ハット	【名】(ふちのある) ぼうし

キリヲ先輩の
豆知識

動詞①

動詞はたくさんあるから，まとめて覚えよな。
今回は基礎的な動詞や。

buy [bái] バイ	買う	**look** [lúk] ルック	見る
call [kɔ́ːl] コール	電話する； ～を…と呼ぶ	**practice** [prǽktis] プラクティス	練習する
climb [kláim] クライム	のぼる	**read** [ríːd] リード	読む，読書する
cook [kúk] クック	料理する	**sell** [sél] セル	売る
draw [drɔ́ː] ドロー	(絵を)描く	**ski** [skíː] スキー	スキーをする
help [hélp] ヘルプ	助ける；手伝う	**stay** [stéi] ステイ	滞在する； ～のままでいる
listen [lísn] リスン	聞く	**travel** [trǽvəl] トゥラヴェル	旅行する
live [lív] リヴ	住む；生きる	**watch** [wátʃ] ワッチ	(注意して)見る

第2章 ユ ベット

動詞を使うた熟語も，いくつか確認しとこ。

arrive at ～	～に着く， 到着する
do ～'s best	最善を尽くす
help ～ with ...	～の…を手伝う
live in ～	～に住む

stay at[in] ～	～に滞在する
stay up late	夜ふかしする
turn on ～ **[turn ～ on]**	(テレビ，明かり などを)つける
turn off ～ **[turn ～ off]**	(テレビ，明かり などを)消す

75

Sentence

Iruma got a good idea to please the audience.
入間は観客を喜ばせるためのいい考えを思いついた。

Sentence

Asmodeus and Clara danced on the stage, too.
アスモデウスとクララも，ステージで踊った。

☐ **idea** [aidí(:)ə] アイディ(ー)ア	【名】考え，思いつき，アイデア	

☐ **please**
[plí:z] プリーズ
【動】～を喜ばせる
【副】どうぞ，どうか

☐ **produce**
[prəd(j)ú:s]
プロドゥース，プロデュース
【動】生産する；(劇などを) 制作する
⇒ **product**【名】製品
　　production【名】生産

☐ **continue**
[kəntínju:] コンティニュー
【動】続ける
用 continue working：働き続ける

☐ **develop**
[divéləp] ディヴェロプ
【動】発達させる
⇒ **development**【名】発達

☐ **improve**
[imprú:v] インプルーヴ
【動】改良する，改善する
⇒ **improvement**【名】改良，改善

☐ **introduce**
[intrəd(j)ú:s]
イントゥロドゥース，イントゥロデュース
【動】紹介する
⇒ **introduction**【名】紹介

☐ **answer**
[ǽnsər] アンサァ
【動】答える，返事をする
⇔ **ask**：たずねる
【名】答え
⇔ **question**：質問

☐ **send**
[sénd] センド
【動】送る
活 send-sent-sent

☐ **audience**
[ɔ́:diəns] オーディエンス
【名】聴衆，観衆

☐ **forget**
[fərgét] フォゲット
【動】忘れる
活 forget-forgot-forgot(ten)
⇔ **remember**：覚えている

☐	**remove** [rimúːv] リムーヴ	【動】取り除く，除く
☐	**knock** [nák] ナック	【動】ノックする，ぶつかる 【名】ノック，たたくこと
☐	**wonder** [wʌ́ndər] ワンダァ	【動】〜かなと思う 【名】驚き，驚異
☐	**survive** [sərváiv] サヴァイヴ	【動】生き残る
☐	**agree** [əgríː] アグリー	【動】同意する，賛成する 用 agree with Iruma 　入間に同意する 　agree to Iruma's idea 　入間の考えに同意する ⇔ disagree：反対する
☐	**cut** [kʌ́t] カット	【動】切る，切り離す 活 cut-cut-cut 【名】切ること
☐	**solve** [sálv] サルヴ	【動】(問題などを) 解く，解決する
☐	**stage** [stéidʒ] ステイヂ	【名】舞台，ステージ；段階，時期
☐	**singer** [síŋər] スィンガァ	【名】歌手，歌う人 ⇒ sing【動】歌う，song【名】歌
☐	**player** [pléiər] プレイア	【名】競技者，選手；演奏者 ⇒ play【動】(競技を) する；演奏する，演じる

Iruma is familiar with the netherworld. He has nothing to worry about.

入間は困ったことが何もないほど魔界に馴染んでいる。

☐ **familiar** [fəmíljər] ファミリャ	【形】よく知られている；よく知っている 用 familiar to everyone みんなに知られている familiar with this area この地域をよく知っている	
☐ **necessary** [nésəsèri] ネセセリィ	【形】必要な，なくてはならない 用 if necessary：もし必要なら	
☐ **serious** [sí(ə)riəs] スィ(ア)リアス	【形】まじめな；重大な ⇒ seriously【副】まじめに，本気で	
☐ **positive** [pá(:)zətiv] パ(ー)ズィティヴ	【形】肯定的な；積極的な ⇔ negative：消極的な	
☐ **negative** [négətiv] ネガティヴ	【形】否定の；消極的な ⇔ positive：積極的な 【名】否定	
☐ **nothing** [nʌ́θiŋ] ナスィング	【代】何も〜ない 例 Nothing happened last night. 昨夜は何も起こらなかった。	
☐ **trouble** [trʌ́bəl] トゥラブル	【名】心配，困難，もめごと 【動】悩ませる	
☐ **failure** [féiljər] フェイリャ	【名】失敗 ⇔ success：成功	

> 入間くんみたいないい子が孫になってくれて，ホントにうれしいよ。

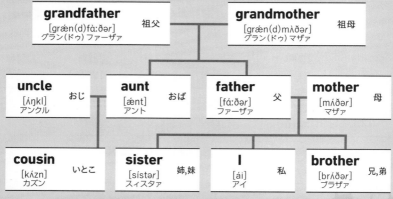

単語	訳
son [sʌ́n] サン	息子
daughter [dɔ́:tər] ドータァ	娘
nephew [néfju:] ネフュー	甥(おい)

単語	訳
niece [ní:s] ニース	姪(めい)
grandchild [grǽn(d)tʃàild] グラン(ドゥ)チャイルド	孫(複数形は grandchildren)
family [fǽm(ə)li] ファミリィ	家族,家庭,一族

■ そのほかの人を表す単語

単語	訳
boy [bɔ́i] ボイ	男の子,少年
girl [gə́:rl] ガール	女の子,少女
man [mǽn] マン	男の人,男性(複数形はmen)

単語	訳
woman [wúmən] ウマン	女の人,女性(複数形はwomen)
lady [léidi] レイディ	女の人,婦人
child [tʃáild] チャイルド	子ども(複数形はchildren)

助動詞は,〈助動詞＋動詞の原形〉の形で使って,
動詞に意味をつけ加えるんだよ。

助動詞	意味	例文
can [kæn] キャン	～することができる	He can speak Japanese. (彼は日本語を話すことができる)
will [wil] ウィル	～するつもりだ, ～するだろう	I will study English. (私は英語を勉強するつもりだ)
must [məst] マスト	～しなければならない	We must do our homework. (私たちは宿題をしなければなりません)
may [mei] メイ	～かもしれない	It may be rainy tomorrow. (明日は雨が降るかもしれない)
should [ʃud] シュド	～するべきだ	You should practice tennis. (あなたはテニスを練習するべきだ)
shall [ʃæl] シャル	〔Shall we ～?〕 (一緒に)～しませんか。	Shall we use this room? (この部屋を使いませんか)
	〔Shall I ～?〕 (私が)～しましょうか。	Shall I call you tonight? (今晩,あなたに電話しましょうか)
could [kəd] クド	～することができた (canの過去形)	My father could swim fast. (父は速く泳ぐことができた)
	〔Could you ～?〕 ～してくださいませんか。	Could you cook dinner? (夕食を料理してくださいませんか)
would [wəd] ウド	〔Would you ～?〕 ～してくださいませんか。	Would you visit me this evening? (今晩,私を訪ねてくださいませんか)

第2章 ち ベト

Could you cook dinner, please?

Would you visit me this evening, please?

のように最後に〈, please〉をつけると, よりていねいな言い方になる。

May I ～? などの, 会話で使われる表現は,
次のページで紹介してるよっ!

 会話でよく使うような表現をまとめたわ。
いっしょにオハナシしましょう♡

■ 買い物

・料金をたずねる

How much is this?「これはいくらですか」

・試着してもいいかたずねる

May I try this on?「これを試着してもいいですか」

・ものをすすめる

… Would you like 〜? / How about 〜?「〜はいかがですか」

How about this color?「この色はいかがですか」

・レストランで注文する

… I'd[I would] like 〜.「〜をお願いします」

I'd like this pie.「このパイをお願いします」

■ 道案内

・道をたずねる

How can I get to 〜?「〜へはどう行けばいいですか」

・道順を説明する

Go straight（for 〜 blocks）.

「（〜ブロック）まっすぐ行ってください」

Turn right[left] at the 〜.「〜を右［左］に曲がってください」

You can see it on your right[left].「右側［左側］にあります」

■ そのほか

Why don't you 〜?「〜してはどうですか」

Why don't we 〜?「（私たちは）〜しませんか」

Would you like to 〜?「〜したいですか」

第3章
ギメル

王の教室(ロイヤル・ワン)への教室移動を
求めて，問題児(アブノーマル)クラスが
動き始めた。

Iruma feels great after waking up.

††††

入間は寝起きがとても良い。

☐ **great** [gréit] グレイト	【形】すばらしい 注 goodよりもさらに良いときに使う 例 That's great!　すばらしい！	

☐ **after** [ǽftər] アフタァ	【前】～のあとに［で］ 【接】～したあとに［で］，～してから 用 after school：放課後 例 After you.　どうぞお先に。	

☐ **before** [bifɔ́:r] ビフォーァ	【前】～の前に［で］ 【接】～する前に［で］	

☐ **wake** [wéik] ウェイク	【動】目が覚める 活 wake-woke-woken	

☐ **wake up**	【動】目が覚める，目を覚ます 例 I wake up at seven. 　ぼくは7時に目が覚める。	

They are waiting for Iruma in the morning.

彼らは朝，入間を待っている。

☐ **wait for ～**	～を待つ 例 Wait for me.　私を待って。	

☐ **in the morning**	午前中，朝	

☐ **every** [évri] エヴリィ	【形】毎～，～ごとに 用 every day：毎日 　every week：毎週 　every year：毎年	

Iruma walks to school because he can't fly.

入間は飛べないので，歩いて通学する。

☐ **walk**
[wɔ́:k] ウォーク

【動】歩く，歩いていく，歩いてくる

☐ **walk around**

歩き回る
例 I walked around the city.
ぼくは町を歩き回った。

☐ **walk to school**

歩いて通学する

☐ **because**
[bikɔ́(:)z] ビコ(ー)ズ

【接】〜だから，〜なので
例 I was at home because it was rainy.
雨だったので家にいた。

Clara likes running.

クララは走るのが好きだ。

☐ **like**
[láik] ライク

【動】〜を好む，〜が好きである
例 I like omelets.
ぼくはオムレツが好きだ。

☐ **running**
[rʌ́niŋ] ラニング

【名】ランニング，走ること

☐ **runner**
[rʌ́nər] ラナァ

【名】走者

Iruma changed the color of the frog.

入間はカエルの色を変えた。

	change [tʃéindʒ] チェインヂ	【動】変える；変わる，変化する 【名】変化
	color [kʌ́lər] カラァ	【名】色 注 colourとも書く
	frog [frɔ́(:)g] フロ(ー)グ	【名】カエル 注 オタマジャクシ：tadpole

A fashion show with magic!

魔術を使ってファッションショー！

第3章 ３ ギメル

	fashion [fǽʃən] ファション	【名】ファッション，はやり 例 Long skirts are in fashion this year. 　ロングスカートが今年の流行だ。 ⇒ fashionable【形】流行の，はやりの
	show [ʃóu] ショウ	【名】ショー 【動】〜を見せる 活 show-showed-shown[showed]
	magic [mǽdʒik] マヂク	【名】手品，魔法 【形】手品の，魔法の

Be quiet in the library!

図書館では静かに！

☐ **Be quiet.**

静かにして。
類 Don't be noisy. うるさくしないで。

☐ **library**
[láibrèri] ライブレリィ

【名】図書館，図書室
複 libraries

Iruma put on the blue dress.

入間は青いドレスを着た。

☐ **put on ～**

～を身に着ける，～を着る
例 Put on the jacket.
　ジャケットを着なさい。
注 wearは「着ている状態」を表す
　Iruma is wearing a dress.
　入間はドレスを着ています。
⇔ take off ～ : ～をぬぐ

☐ **blue**
[blú:] ブルー

【形】青い
⇒ bluish【形】青みがかった
【名】青

☐ **dress**
[drés] ドゥレス

【名】(ワンピースの) 婦人服，ドレス
【動】着替える
例 I'm dressing for the party.
　パーティーのために着替えているの。

The members of student council stand in line.

生徒会は1列に並んで立っている。

☐ **stand**
[sténd] スタンド

【動】立つ，立っている
活 stand-stood-stood
用 stand up：立ち上がる
⇔ sit：すわる

☐ **in line**

1列に並んで
例 Please wait in line.
並んでお待ちください。

☐ **line**
[láin] ライン

【名】列，並び，線
例 I drew a line. ぼくは線を引いた。

Iruma cleaned up the school ground.

入間は校庭をきれいに掃除した。

☐ **clean up**

きれいに掃除する
⇒ cleanup【名】掃除；野球の4番打者

☐ **school ground**
[skú:l gràund]
スクール グラウンド

【名】校庭
類 playground：運動場
campground：キャンプ場

☐ **ground**
[gráund] グラウンド

【名】地面；土地；グラウンド

Iruma greeted everyone loudly.

入間は大きな声でみんなに挨拶した。

□ **greet** [gríːt] グリート	【動】(人に) 挨拶をする ⇒ greeting【名】挨拶 用 exchange greetings：挨拶をかわす
□ **loudly** [láudli] ラウドゥリィ	【副】大声で, 騒々しく 例 He shouted loudly. 　彼は大声で叫んだ。
□ **loud** [láud] ラウド	【形】(音などが) 大きい, うるさい 用 loud voice：大声

She was very satisfied.

彼女はとても満足していた。

□ **very** [véri] ヴェリィ	【副】非常に, とても, 　　[否定文で] あまり (〜ない) 例 I'm very hungry. 　とてもおなかがすいた。 　I'm not very busy today. 　今日はあまり忙しくない。
□ **satisfied** [sǽtisfàid] サティスファイド	【形】満足した 用 be satisfied with 〜：〜に満足する 例 I'm satisfied with your work. 　ぼくは君の仕事に満足している。

She worked more slowly than usual.

彼女はいつもよりゆっくり仕事をした。

☐ **slowly**
[slóuli] スロウリィ

【副】ゆっくりと，遅く
比 more slowly-most slowly
⇔ fast, quickly：速く
例 Can you talk slowly?
ゆっくり話してくれない？

☐ **slow**
[slóu] スロウ

【形】遅い
比 slower-slowest
⇔ fast, quick：速い

☐ **than**
[ðən] ザン

【前】【接】～よりも

☐ **usual**
[jú:ʒuəl] ユージュアル

【形】いつもの
⇔ unusual：ふつうではない，めずらしい

He touched Ronove for about six seconds.

彼はロノウェに約6秒間ふれた。

☐ **touch**
[tʌtʃ] タッチ

【動】～にさわる，ふれる
例 Don't touch me.　私にさわらないで。

☐ **about**
[əbáut] アバウト

【副】約～，およそ～
【前】～について

☐ **second**
[sékənd] セカンド

【名】秒，少しの間
例 Just a second.　ちょっと待って。

Ideals are different from ambitions.

理想は野望とちがう。

☐	**ideal** [aidí(:)əl] アイディ(ー)アル	【名】理想 ⇒ idea【名】考え
☐	**be different from ~**	～とはちがっている 例 My idea is different from yours. 私の考えはあなたのとはちがう。
☐	**ambition** [æmbíʃən] アンビション	【名】強い願望，野望，野心

Ronove suggested he would change their school into a paradise.

ロノウェは学校を楽園に変えると提案した。

☐	**suggest** [sə(g)dʒést] サ(グ)ヂェスト	【動】～を提案する 例 I suggested a new plan. ぼくは新しい計画を提案した。
☐	**suggestion** [sə(g)dʒéstʃən] サ(グ)ヂェスチョン	【名】提案
☐	**change ~ into ...**	～を…にかえる 注 change into ~ : ～に着替える
☐	**paradise** [pǽrədàis] パラダイス	【名】天国のような場所，楽園

人間界には，魔界では見られないような生き物がたくさん住んでいるらしい。もし見かけることがあれば，僕に教えてね。

単語	訳
animal [ǽniməl] アニマル	動物
ant [ǽnt] アント	アリ
bird [bə́:rd] バード	鳥
butterfly [bʌ́tərflài] バタフライ	チョウ
cat [kǽt] キャット	ネコ
cow [káu] カウ	ウシ, 乳牛
dog [dɔ́(:)g] ド(ー)グ	イヌ
dolphin [dálfin] ダルフィン	イルカ
elephant [éləfənt] エレファント	ゾウ
fish [fíʃ] フィッシ	魚(複数形もfish)
flower [fláuər] フラウア	花
frog [frɔ́(:)g] フロ(ー)グ	カエル
horse [hɔ́:rs] ホース	ウマ
insect [ínsekt] インセクト	こん虫

単語	訳
koala [kouá:lə] コウアーラ	コアラ
lion [láiən] ライアン	ライオン
monkey [mʌ́ŋki] マンキ	サル
panda [pǽndə] パンダ	パンダ
penguin [péŋgwin] ペングウィン	ペンギン
pig [píg] ピグ	ブタ
plant [plǽnt] プラント	植物
rabbit [rǽbit] ラビト	ウサギ
sheep [ʃí:p] シープ	ヒツジ (複数形もsheep)
snake [snéik] スネイク	ヘビ
tiger [táigər] タイガァ	トラ
tree [trí:] トゥリー	木
turtle [tə́:rtl] タートゥル	ウミガメ
whale [(h)wéil] (フ)ウェイル	クジラ

Iruma used a vacuum cleaner in his room.
入間は部屋で掃除機を使った。

Clara and Asmodeus also jumped on the bed.
クララとアズくんもベッドで跳びはねた。

☐	**use** [jú:z] ユーズ	【動】〜を使う，利用する，消費する ⇒ useful【形】役に立つ
☐	**cleaner** [klíːnər] クリーナァ	【名】掃除機
☐	**vacuum cleaner** [vǽkju(ə)m klìːnər] ヴァキュウム クリーナァ	【名】電気掃除機
☐	**laundry** [lóːndri] ローンドゥリィ	【名】洗濯，洗濯もの
☐	**wash** [wɑ́ʃ] ワッシ	【動】洗う
☐	**jump** [dʒʌ́mp] ヂャンプ	【動】跳ぶ 用 jump up and down：跳びはねる
☐	**bed** [béd] ベッド	【名】ベッド
☐	**computer** [kəmpjúːtər] コンピュータァ	【名】コンピューター 注 PC：personal computerの略
☐	**eraser** [iréisər] イレイサァ	【名】消しゴム
☐	**pen** [pén] ペン	【名】ペン
☐	**pencil** [pénsl] ペンスル	【名】えんぴつ 用 mechanical pencil：シャープペンシル
☐	**ruler** [rúːlər] ルーラァ	【名】定規

Sullivan cried a lot.

サリバンは号泣した。

☐ **cry**
[krái] クライ

【動】泣く，叫ぶ

☐ **a lot**

たくさん
例 I drink water a lot.
水をたくさん飲む。
注 I drink a lot of water.
たくさんの水を飲む。

Iruma is sitting down on the sofa.

入間はソファに座っている。

☐ **sit**
[sít] スィット

【動】座る，腰かける
活 sit-sat-sat
⇔ stand：立つ

☐ **sit down**

座る
例 Sit down here.　ここに座って。

☐ **sofa**
[sóufə] ソウファ

【名】ソファ

☐ **chair**
[tʃéər] チェア

【名】イス

☐ **table**
[téibl] テイブル

【名】テーブル，食卓
用 at the table：食事中で

Sabnock injured people and destroyed the school building.

サブノックは人々にけがをさせ，校舎を壊した。

☐ **injure**
[índʒər] インヂァ

【動】〜を傷つける

☐ **people**
[píːpl] ピープル

【名】人々

☐ **school building**
[skúːl bíldiŋ]
スクール ビルディング

【名】校舎

☐ **building**
[bíldiŋ] ビルディング

【名】建物，ビル

Jazz searched for a lot of money and jewelry.

ジャズはたくさんのお金や宝石を物色した。

☐ **much**
[mʌ́tʃ] マッチ

【形】たくさんの
用 much water：たくさんの水
　　much sugar：たくさんの砂糖

☐ **money**
[mʌ́ni] マニィ

【名】お金，通貨
注 coin：硬貨，bill：紙幣

☐ **jewelry**
[dʒúːəlri] ヂューエリィ

【名】宝石類

Some students were carried to the hospital.

生徒の何人かが病院へ運ばれた。

☐	**hospital** [háspitl] ハスピトゥル	【名】病院
☐	**ambulance** [ǽmbjuləns] アンビュランス	【名】救急車 用 call an ambulance：救急車を呼ぶ

Robin is standing with textbooks on his head.

ロビンは頭に教科書をのせて立っている。

☐	**textbook** [tékstbuk] テクストゥブク	【名】教科書，テキスト 例 Open your textbook. 教科書を開いて。
☐	**notebook** [nóutbuk] ノウトゥブク	【名】ノート
☐	**note** [nóut] ノウト	【名】メモ 用 take notes：メモする

The gate was locked.

その門は閉ざされていた。

☐	**gate** [géit] ゲイト	【名】門

| □ **lock**
[lák] ラック | 【動】かぎをかける
⇔ unlock：かぎをあける |

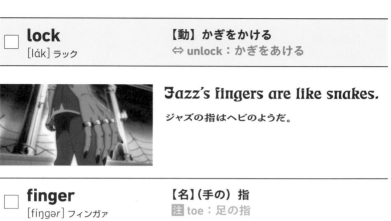

Jazz's fingers are like snakes.

ジャズの指はヘビのようだ。

□ **finger** [fíŋgər] フィンガァ	【名】(手の) 指 注 toe：足の指
□ **thumb** [θʌm] サム	【名】親指
□ **forefinger** [fɔ́(ː)rfiŋgər] フォ(ー)フィンガァ	【名】人さし指 注 index fingerとも言う
□ **middle finger** [mìdl fíŋgər] ミドゥル フィンガァ	【名】中指 注 middle：真ん中の
□ **ring finger** [ríŋ fiŋgər] リング フィンガァ	【名】くすり指 注 左手のくすり指を言うことが多い
□ **pinky** [píŋki] ピンキィ	【名】小指 注 little fingerとも言う
□ **palm** [páːm] パーム	【名】手のひら
□ **sole** [sóul] ソウル	【名】足の裏

☐	**snake** [snéik] スネイク	【名】ヘビ
☐	**nod** [nád] ナッド	【動】うなずく

Iruma drank a cup of coffee after the meal.

入間は食後にコーヒーを1杯飲んだ。

☐	**drink** [dríŋk] ドゥリンク	【動】飲む 活 drink-drank-drunk 【名】飲み物
☐	**coffee** [kɔ́(:)fi] コ(ー)フィ	【名】コーヒー 用 a cup of coffee：1杯のコーヒー
☐	**tea** [tí:] ティー	【名】茶，紅茶 用 green tea：緑茶
☐	**milk** [mílk] ミルク	【名】牛乳，ミルク
☐	**meal** [mí:l] ミール	【名】食事 用 go for a meal：食事に出かける
☐	**cafeteria** [kæfətí(ə)riə] キャフィティ(ア)リア	【名】カフェテリア
☐	**star** [stá:r] スター	【名】星

動詞②

ん僕だよ！ 僕が動詞をまとめておいて
あげたから, 光栄に思いたまえ!!

burn [bə́:rn] バーン	燃やす;燃える	**interview** [íntərvjù:] インタヴュー	インタビューを する
check [tʃék] チェック	調べる, チェックする	**kill** [kíl] キル	殺す
decrease [dikrí:s] ディクリース	減る;減らす	**preserve** [prizə́:rv] プリザーヴ	保存する, 保護する
enter [éntər] エンタァ	入る;入学する	**remind** [rimáind] リマインド	思い出させる
increase [inkrí:s] インクリース	増やす;増える	**research** [ri:sə́:rtʃ] リーサーチ	研究する, 調査する
happen [hǽpən] ハプン	(事件,事故など が)起こる	**share** [ʃéər] シェア	共有する
hurt [hə́:rt] ハート	傷つける	**spread** [spréd] スプレド	広がる,広げる
influence [ínflu(:)əns] インフル(ー)エンス	影響を与える	**taste** [téist] テイスト	～な味がする

次は熟語だ！ 今だけはロノウェではなく,
表に注目したまえ！

come true	実現する	**hear of ～**	～のことを聞く
feel like ～ing	～したい気がす る	**remind ～ of ...**	～に…のことを 思い出させる
get off ～	(乗り物から) 降りる	**share ～ with ...**	～を…と共有す る,分かち合う
get on ～	(乗り物に)乗る	**take part in ～**	～に参加する

Sentence

They handed in a lot of permission slips.

彼らはたくさんの許可書を提出した。

Sentence

All of us are fans of Iruma. Thank you for helping.

全員が入間のファンだ。
助けてくれてありがとう。

☐	**hand in ～**	～を提出する
☐	**permission** [pərmíʃən] パーミッション	【名】許可，許し 用 permission slip：許可書
☐	**fan** [fǽn] ファン	【名】ファン；うちわ 注 fun：楽しみ，楽しいこと
☐	**a big fan of ～**	～の大ファン 例 I'm a big fan of Kuromu. 　くろむの大ファンです。
☐	**Thank you for ～ing.**	～してくれてありがとう。 例 Thank you for coming. 　来てくれてありがとう。
☐	**Thank you.**	ありがとう。 注 You're welcome. どういたしまして。
☐	**No, thank you.**	いいえ，けっこうです。 注 ことわるときに使う
☐	**thank** [θǽŋk] サンク	【動】感謝する
☐	**thankful** [θǽŋkfəl] サンクフル	【形】感謝している，ありがたく思って
☐	**grateful** [gréitfəl] グレイトゥフル	【形】感謝している，ありがたく思って
☐	**appreciate** [əprí:ʃièit] アプリーシエイト	【動】感謝する；（芸術を）鑑賞する 例 I appreciate it. 感謝します。

Iruma is back to being a good boy again. Sullivan hugged Iruma tightly.

入間はまたいい子に戻り, サリバンは入間を
しっかりと抱きしめた。

☐ **back**
[bæk] バック

【副】もとのところへ, もとへ；後ろへ
用 come back：戻ってくる
【名】背中, うしろ
⇔ front：前

☐ **again**
[əgén] アゲン

【副】ふたたび
用 again and again：何度も

☐ **hug**
[hʌg] ハグ

【動】ハグする, 抱きしめる
【名】ハグ
例 She hugged her son.
彼女は息子をハグした。

☐ **tightly**
[táitli] タイトゥリィ

【副】しっかりと

☐ **tight**
[táit] タイト

【形】ぴったりした, きつい
⇔ loose：ゆるい

☐ **tear**
[tíər] ティア

【名】涙
注 複数形tearsで表す

☐ **eyebrow**
[áibràu] アイブラウ

【名】まゆ, まゆ毛
注 複数形eyebrowsで表す

☐ **eyelash**
[áilæʃ] アイラッシ

【名】まつげ
注 まつげ全部は複数形eyelashesで表す

☐ **eyelid**
[áilìd] アイリド

【名】まぶた
注 複数形eyelidsで表す

Iruma isn't good at studying.

入間は勉強が得意ではない。

☐	**study** [stʌ́di] スタディ	【動】勉強する 【名】勉学
☐	**subject** [sʌ́bdʒikt] サブヂェクト	【名】教科
☐	**English** [íŋgliʃ] イングリシ	【名】英語
☐	**math** [mǽθ] マス	【名】〔教科〕数学 注 mathematicsの略
☐	**science** [sáiəns] サイエンス	【名】〔教科〕理科；科学
☐	**social studies** [sóuʃəl stʌ́diz] ソウシャル スタディズ	【名】〔教科〕社会科
☐	**social** [sóuʃəl] ソウシャル	【形】社会の
☐	**arts and crafts** [ɑ́ːrts ən(d) krǽfts] アーツ アン(ド) クラフツ	【名】〔教科〕図工
☐	**calligraphy** [kəlígrəfi] カリグラフィ	【名】〔教科〕書道

technology and home economics

[tekná:lədʒi ən(d) houm i:kənámiks]

テクナロヂィ アン（ド）
ホウム イーコナミクス

【名】〔教科〕技術家庭科

Iruma can't understand the meaning of those words at all.

入間はそれらの単語の意味をまったく
理解できない。

understand

[ʌndərstǽnd]
アンダスタンド

【動】理解する
活 understand-understood-understood
例 I understand you.
あなたの言うことがわかる。

meaning

[mí:niŋ] ミーニング

【名】意味
例 The word has a lot of meanings.
その言葉にはたくさんの意味がある。

mean

[mí:n] ミーン

【動】意味する
活 mean-meant-meant
例 What do you mean?
どういう意味？

not ～ at all

まったく～ない
例 I don't know him at all.
ぼくは彼をまったく知らない。

exam

[igzǽm] イグザム

【名】試験，テスト
注 examinationの略
例 He passed the entrance exam.
彼は入学試験に合格した。

pass
[pǽs] パス

【動】通り過ぎる；手渡す；合格する
用 pass the exam：テストに合格する
　　fail the exam：テストに失敗する

term
[tə́:rm] ターム

【名】学期

Iruma had sandwiches for lunch.

入間は昼食にサンドイッチを食べた。

sandwich
[sǽn(d)witʃ]
サン(ドゥ)ウィチ

【名】サンドイッチ

hamburger
[hǽmbə̀:rgər] ハンバーガァ

【名】ハンバーガー

rice ball
[ráis bɔ̀:l] ライス ボール

【名】おにぎり

spaghetti
[spəgéti] スパゲティ

【名】スパゲッティ

pizza
[pí:tsə] ピーツァ

【名】ピザ

pancake
[pǽnkèik] パンケイク

【名】パンケーキ

cake
[kéik] ケイク

【名】ケーキ

□ **jam** [dʒǽm] ヂァム	【名】ジャム
□ **fruit** [frúːt] フルート	【名】果物，フルーツ
□ **banana** [bənǽnə] バナナ	【名】バナナ
□ **apple** [ǽpl] アプル	【名】りんご
□ **kiwi** [kíːwiː] キーウィー	【名】キウィフルーツ 〔鳥〕キーウィ 注 果物を表すときはkiwi fruitとも言う
□ **lunch** [lʌ́ntʃ] ランチ	【名】昼食
□ **lunchbox** [lʌ́ntʃbɑ̀ks] ランチバックス	【名】弁当箱
□ **lunchtime** [lʌ́ntʃtàim] ランチタイム	【名】昼食時間，ランチタイム
□ **breakfast** [brékfəst] ブレクファスト	【名】朝食
□ **dinner** [dínər] ディナァ	【名】夕食
□ **supper** [sʌ́pər] サパァ	【名】夕食 注 主に軽めの夕食を指す

He tried to write something on the blackboard.

彼は黒板に何か書こうとした。

☐ **write** [ráit] ライト	【動】〜を書く 活 write-wrote-written 例 I wrote a letter.　ぼくは手紙を書いた。	
☐ **writer** [ráitər] ライタァ	【名】筆者，作者 例 He is a famous writer. 　彼は有名な作家だ。	
☐ **rewrite** [rì:ráit] リーライト	【動】〜を書きなおす 例 I want to rewrite this letter. 　この手紙を書きなおしたい。	

a doll of the human beings

人間というものの人形

☐ **doll** [dál] ダル	【名】人形	
☐ **human being** [hjú:mən bí:iŋ] ヒューマン ビーイング	【名】人間 注 ふつう複数形 human beingsと表す	

Demons need wings and tails.

悪魔には翼としっぽが必要だ。

☐	**wing** [wíŋ] ウィング	【名】翼，羽 用 spread the wings：羽を広げる
☐	**tail** [téil] テイル	【名】しっぽ
☐	**angel** [éindʒ(ə)l] エインヂ(ェ)ル	【名】天使

He poured tea into a small cup.

彼は小さなカップに魔茶を注いだ。

☐	**pour** [pó:r] ポーァ	【動】(液体など) を注ぐ
☐	**small** [smó:l] スモール	【形】小さい 比 smaller-smallest ⇔ big：大きい
☐	**cup** [kʌ́p] カップ	【名】カップ 類 glass：(ガラスの) コップ
☐	**mug** [mʌ́g] マッグ	【名】マグカップ
☐	**bowl** [bóul] ボウル	【名】どんぶり，はち， (料理用の) ボウル 用 a salad bowl：サラダボウル

They are exhausted.

彼らは疲れ果てている。

☐ **exhausted**
[igzɔ́:stid] イグゾースティド
【形】疲れ果てた

☐ **tired**
[táiərd] タイアド
【形】疲れた

They enjoyed swimming in the pool at the amusement park.

彼らは遊園地のプールで泳いで楽しんだ。

☐ **swim**
[swím] スウィム
【動】泳ぐ
活 swim-swam-swum
【名】泳ぐこと，水泳

☐ **swimmer**
[swímər] スウィマァ
【名】水泳選手，泳いでいる人
例 She is a good swimmer.
彼女はよい水泳選手だ。

☐ **pool**
[pú:l] プール
【名】プール

☐ **amusement park**
[əmjú:zmənt pà:rk]
アミューズメント パーク
【名】遊園地

☐ **park**
[pá:rk] パーク
【名】公園
例 Let's go to the park.
公園に行きましょう。

☐	**playground** [pléigràund] プレイグラウンド	【名】運動場
☐	**concert** [kánsə(:)rt] カンサ(ー)ト	【名】コンサート
☐	**drive** [dráiv] ドゥライヴ	【動】(車を) 運転する；車で行く 活 drive-drove-driven 【名】ドライブ；車で行くこと
☐	**driver** [dráivər] ドゥライヴァ	【名】運転手，ドライバー
☐	**car** [káːr] カー	【名】車，自動車 用 drive a car：車を運転する
☐	**bike** [báik] バイク	【名】自転車　注 bicycleのくだけた語 類 motorcycle：オートバイ
☐	**taxi** [tǽksi] タクスィ	【名】タクシー
☐	**bus** [bʌ́s] バス	【名】バス

Ameri went shopping.

アメリは買い物に行った。

☐	**go** [góu] ゴウ	【動】行く；出発する 活 go-went-gone
☐	**shopping** [ʃápiŋ] シャピング	【名】買い物

☐	**mom** [mám] マム	【名】お母さん，ママ 注 motherのくだけた言い方
☐	**dad** [dǽd] ダッド	【名】お父さん，パパ 注 fatherのくだけた言い方

They danced for joy.

彼らはうれしさのあまり踊った。

☐	**joy** [dʒɔ́i] ヂョイ	【名】喜び，うれしさ，歓喜 ⇔ sorrow：悲しみ 用 with joy：喜んで，うれしくて
☐	**joyful** [dʒɔ́ifəl] ヂョイフル	【形】喜びに満ちた，とてもうれしい 用 joyful news：とてもうれしい知らせ

They were disappointed.

彼らはがっかりした。

☐	**disappointed** [dìsəpɔ́intid] ディサポインティド	【形】がっかりしている 例 Our teacher was disappointed with my answer. 先生はぼくの答えにがっかりした。
☐	**hope** [hóup] ホウプ	【動】(よいことを) 望む，希望する 【名】希望，望み ⇔ despair：絶望

今回は動詞や形容詞に説明を加える副詞をまとめておこう…。
覚えるのは大変かもしれないが、きちんと頭に入れておくのだ
ぞ。

単語	訳
abroad [əbrɔ́:d] アブロード	外国に[へ,で], 海外に[へ,で]
ago [əgóu] アゴウ	～前に
almost [ɔ́:lmoust] オールモウスト	ほとんど
alone [əlóun] アロウン	ひとりで, ただ～だけ
already [ɔːlrédi] オールレディ	すでに,もう
also [ɔ́:lsou] オールソウ	～も,また…
clearly [klíərli] クリアリィ	はっきりと
early [ə́:rli] アーリィ	早く
either [íːðər] イーザァ	〔否定文で〕 ～もまた(～ない)
especially [ispéʃəli] イスペシャリィ	特に,とりわけ
everywhere [évri(h)wèər] エヴリ(フ)ウェア	どこでも,いたると ころに[で]
far [fɑ́:r] ファー	遠くに[へ]
fast [fǽst] ファスト	速く

単語	訳
fortunately [fɔ́:rtʃənətli] フォーチュネトゥリィ	幸運にも
inside [insáid] インサイド	内側に[で], 内部に[で]
instead [instéd] インステッド	そのかわりに
later [léitər] レイタァ	あとで,もっと遅く
outside [àutsáid] アウトサイド	外側に[で], 外部に[で]
quickly [kwíkli] クウィクリィ	速く,すぐに, 急いで
quietly [kwáiətli] クワイエトゥリィ	静かに, 落ち着いて
someday [sʌ́mdèi] サムデイ	いつか
soon [súːn] スーン	すぐに,間もなく
still [stíl] スティル	まだ,今でも
suddenly [sʌ́dnli] サドゥンリィ	突然,急に
then [ðén] ゼン	そのときに
well [wél] ウェル	上手に,うまく, よく

スージー先生の特別講座　比較級・最上級

今回は，私が「比較級」と「最上級」について説明しますよぉ。

■ 比較級 … 2つのものや2人の人を比べて「…よりも〜」を表す。

Iruma is taller <u>than Clara</u>. （入間はクララよりも背が高い）

Ameri is more popular <u>than Ronove</u>.

（アメリはロノウェよりも人気がある）

「…よりも〜」は，〈比較級＋than …〉で表します。比較級は形容詞，副詞の語尾に r / er をつけて作るんです。ただし！　上のpopularみたいにつづりが長い単語は，前にmoreを置く傾向があるんですよぉ。

■ 最上級 … 3つ以上のものや3人以上の人を比べて「最も〜」を表す。

Sabnock is the tallest <u>in the class</u>.

（サブノックはクラスで最も背が高い）

This is the most popular song <u>of the four</u>.

（これは，その4曲の中で最も人気のある歌だ）

「（…の中で）最も〜」は，〈the＋最上級（＋in[of] …）〉で表しますよぉ。最上級は形容詞，副詞の語尾に st / est をつけて作ります。つづりが長い単語は，前にmostを置きますよぉ。

■ 〈as＋形容詞／副詞＋as …〉「…と同じくらい〜」を表す。

Kalego is as old as Balam.

（カルエゴとバラムは同じ年齢だ（＝同じくらい年をとっている））

「…と同じくらい〜」は，〈as＋形容詞／副詞＋as …〉で表します。このときの形容詞，副詞は原級（＝元の形）を使いますよぉ。

第3章　3　キメル

スージー先生の特別講座　比較級・最上級

「比較級」と「最上級」を使った特別な表現が
いくつかあります。覚えておくと便利ですよぉ。

■〈比較級＋than any other＋単数形の名詞〉「ほかのどの…よりも～」

Kalego is stricter than any other teacher.

（カルエゴはほかのどの教師よりも厳しい）

■〈the＋序数＋最上級〉「…番目に～な」

She is the second most popular student.

（彼女は2番目に人気のある生徒だ）

■〈one of the＋最上級＋複数形の名詞〉「最も～な…の1つ[1人]」

Sullivan is one of the greatest demons.

（サリバンは最も偉大な悪魔の1人だ）

■ not as ～ as ...「…ほど～ない」

I can't fly as fast as Asmodeus.

（私はアスモデウスほど速く飛べない）

■〈No（other）＋単数形の名詞＋動詞＋as ～ as ...〉
　〈No（other）＋単数形の名詞＋動詞＋比較級＋than ...〉
　「…ほど～な（名詞）はない」

No other student is as smart as Allocer.

　＝ No other student is smarter than Allocer.

（アロケルほど賢い生徒はいない）

第4章
ダレス

楽しいはずのウォルターパーク。
実は恐ろしい策略がひそんでいた。

Sentence

There are a lot of papers on the desk.

†††

机の上にたくさんの答案用紙がある。

☐	**There is ～.** **There are ～.**	～がある，～がいる 例 There is a girl by the window. 　　窓のそばに女の子が1人いる。
☐	**paper** [péipər] ペイパァ	【名】答案用紙（数えられる名詞） 　　　紙（数えられない名詞） 例 Turn in your papers. 　　答案用紙を出しなさい。 用 a sheet of paper：1枚の紙 　　two sheets of paper：2枚の紙
☐	**desk** [désk] デスク	【名】机 例 I want a new desk. 　　ぼくは新しい机がほしい。
☐	**scissors** [sízərz] スィザズ	【名】はさみ 注 複数形scissorsで表す
☐	**glue** [glú:] グルー	【名】のり，接着剤
☐	**nobody** [nóubɑdi] ノウバディ	【代】だれも～ない 注 1語で表す，単数扱い 例 Nobody can answer this question. 　　だれもこの質問に答えられない。
☐	**somebody** [sʌ́mbɑdi] サムバディ	【代】だれか 注 1語で表す，単数扱い 例 Somebody is in this room. 　　この部屋にだれかいる。
☐	**fail** [féil] フェイル	【動】（学科・試験に）落ちる，失敗する ⇔ succeed：成功する ⇒ failure【名】失敗
☐	**test** [tést] テスト	【名】テスト

They went up in their ranking.

彼らは位階(ランク)が上がった。

□ **go up**	のぼる，上がる
□ **ranking** [rǽŋkiŋ] ランキング	【名】順位，ランキング

Iruma hurried to Balam to show his report card to him.

入間は成績表を見せに，バラム先生のところに急いだ。

□ **hurry** [hə́ːri] ハーリィ	【動】急ぐ，あわてる 用 hurry up：急ぐ
□ **report** [ripɔ́ːrt] リポート	【名】報告，レポート ⇒ reporter 【名】記者， 　　　　　　　　ニュースレポーター 用 weather report：天気予報
□ **card** [kάːrd] カード	【名】カード，はがき 類 postcard：はがき 用 a Christmas card：クリスマスカード
□ **grade** [gréid] グレイド	【名】(生徒の) 成績，評定；学年 用 the 7th grade：中学1年生
□ **comment** [kάment] カメント	【名】批評，コメント

Balam got a haircut.

バラムは髪を切った。

☐	**haircut** [héərkʌt] ヘアカト	【名】散髪, (髪の) カット
☐	**hair** [héər] ヘア	【名】毛, 髪の毛

the snacks and ice cream Clara brought

クララが持ってきたお菓子やアイスクリーム

☐	**bring** [bríŋ] ブリング	【動】(…に) 〜を持ってくる, 連れてくる 活 bring-brought-brought ⇔ take：持っていく, 連れていく
☐	**snack** [snǽk] スナック	【名】軽食, スナック菓子 注 甘いお菓子：sweets, candy
☐	**ice cream** [áis krìːm] アイス クリーム	【名】アイスクリーム 注 iced coffee：アイスコーヒー 　　iced tea：アイスティー
☐	**ice** [áis] アイス	【名】氷
☐	**chocolate** [tʃák(ə)lət] チャコレト	【名】チョコレート；ココア

Clara washes her body with soap.

クララはせっけんで体を洗う。

☐ **body**
[bádi] バディ

【名】体
複 bodies

☐ **soap**
[sóup] ソウプ

【名】せっけん
用 bar soap：固形せっけん
liquid soap：液体せっけん

☐ **shampoo**
[ʃæmpú:] シャンプー

【名】シャンプー（すること）
【動】髪を洗う，シャンプーする

☐ **bathroom**
[bǽθrù(:)m] バスル(ー)ム

【名】浴室；トイレ
注 toiletはアメリカではふつう「便器」

☐ **living room**
[líviŋ rù(:)m]
リヴィングル(ー)ム

【名】居間，リビングルーム

☐ **entrance**
[éntrəns] エントゥランス

【名】入り口，玄関；入場，入学
⇔ exit：出口
例 No entrance.　入場禁止。

☐ **roof**
[rú:f] ルーフ

【名】屋根，（ビルなどの）屋上
複 roofs

☐ **shelf**
[ʃélf] シェルフ

【名】棚
複 shelves

☐ **bookshelf**
[búkʃèlf] ブクシェルフ

【名】書棚，本棚
複 bookshelves

Kalego and Opera used to have fun together in the old days.

カルエゴ先生とオペラは昔，よく一緒に楽しんだものだった。

---

used to ～
[jú:s(t)tu]
ユース（トゥ）トゥ

以前は～だった，～するのが習慣だった
例 I used to swim in this river.
　よくこの川で泳いだものだ。

---

have fun

楽しむ，楽しい時間を過ごす

---

old
[óuld] オウルド

【形】古い　⇔ new：新しい
年とった　⇔ young：若い

---

day
[déi] デイ

【名】日，1日
注 days：時期，時代

---

every day

毎日
注 everyday【形】毎日の，日常の

---

holiday
[há(:)lədèi] ハ（ー）リデイ

【名】休日，祝日

---

vacation
[veikéiʃən] ヴェイケイション

【名】休み，休暇，休日
用 summer vacation：夏休み

---

day by day

日ごとに
例 It's getting warmer day by day.
　日ごとに暖かくなってきた。

---

one day

ある日

Iruma didn't know what to do during the long vacation.

入間は長期の休みに何をすればよいか
わからなかった。

☐ **what to ～**

何を～すべきか [何を～すればよいか]
例 Tell me what to do.
何をしたらいいか教えて。

☐ **where to ～**

どこで [へ] ～すべきか
[どこで [へ] ～すればよいか]
例 I know where to go.
どこに行けばよいか知っています。

☐ **when to ～**

いつ～すべきか [いつ～すればよいか]
例 I'll tell you when to start.
いつ出発すればいいか教えてあげよう。

☐ **how to ～**

～する方法，～のしかた
例 I know how to play *shogi*.
将棋のしかたを知っています。

☐ **during**
[d(j)ú(ə)riŋ]
ドゥ (ア) リング，デュ (ア) リング

【前】(ある期間) の間ずっと

☐ **New Year's holiday**

正月休み

☐ **long holiday**

長期の休み
注 long vacationとも言う

☐ **national holiday**
[nǽʃ(ə)nəl há(:)lədei]
ナシ (ョ) ナル ハ (ー) リデイ

国民の祝祭日

They made three groups in the amusement park.

遊園地では3つのグループを作った。

☐ **make** [méik] メイク	【動】～を作る，得る 活 make-made-made	

☐ **make a speech**	スピーチをする 例 I'll make a speech in English. 私は英語でスピーチをする。

☐ **make an effort**	努力をする

☐ **make friends with ～**	～と友達になる，～と親しくなる 例 I made friends with the demon. 私は悪魔と友達になった。

☐ **make up ～'s mind**	決心する 例 I can't make up my mind. 私は決心ができない。

☐ **group** [grú:p] グループ	【名】グループ，団体

☐ **in a group**	集団の中の［に，で］

☐ **parking lot** [pá:rkiŋ lὰt] パーキング ラット	駐車場

☐ **national park** [nǽʃ(ə)nəl pá:rk] ナシ（ョ）ナル パーク	国立公園

He ate some popcorn in a limited-edition T-shirt.

彼は限定シャツを着てポップコーンを食べた。

☐	**popcorn** [pápkɔ̀:rn] パプコーン	【名】ポップコーン
☐	**limited** [límətid] リミティド	【形】限られた 用 limited-edition cap：限定帽子
☐	**limit** [límət] リミト	【名】限界，限度；境界線 用 off limits：立ち入り禁止で
☐	**T-shirt** [tí:ʃə̀:rt] ティーシャート	【名】Tシャツ
☐	**skirt** [ské:rt] スカート	【名】スカート
☐	**pants** [pǽnts] パンツ	【名】ズボン 注 複数形pantsで表す
☐	**sweater** [swétər] スウェタァ	【名】セーター
☐	**uniform** [jú:nəfɔ̀:rm] ユーニフォーム	【名】制服，ユニフォーム
☐	**jacket** [dʒǽkit] ヂャケト	【名】ジャケット，上着
☐	**coat** [kóut] コウト	【名】コート 類 raincoat：レインコート

動詞③

私からは，重要な動詞と，be動詞を使った熟語を
いくつか紹介しましょう。

accept [əksépt] アクセプト	受け入れる	**fold** [fóuld] フォウルド	折りたたむ，折る
affect [əfékt] アフェクト	影響する	**import** [impɔ́:rt] インポート	輸入する
arrest [ərést] アレスト	逮捕する	**include** [inklú:d] インクルード	含める
control [kəntróul] コントゥロウル	管理する	**invent** [invént] インヴェント	発明する
destroy [distrɔ́i] ディストゥロイ	破壊する	**trust** [trʌ́st] トゥラスト	信頼する
discover [diskʌ́vər] ディスカヴァ	発見する	**waste** [wéist] ウェイスト	浪費する，無駄にする

第4章　ダレス

■ be動詞を使った熟語

be about to ~	今にも~しようとしている	**be kind to ~**	~に親切にする
be born	生まれる	**be late for ~**	~に遅れる，遅刻する
be careful with ~	~に気をつける	**be proud of ~**	~を誇りに思う
be different from ~	~とはちがっている	**be satisfied with ~**	~に満足する
be familiar to ~	~によく知られている	**be scared of ~**	~を恐れる，~が怖い
be filled with ~	~でいっぱいである	**be sorry for ~**	~についてすまなく思う
be full of ~	~でいっぱいである	**be willing to ~**	~してもかまわない

Welcome to Walter Park!

†††

ウォルターパークへようこそ!

☐	**welcome** [wélkəm] ウェルカム	【間】ようこそ，いらっしゃい 【動】歓迎する 活 welcome-welcomed-welcomed
☐	**Welcome to ～.**	～へようこそ。 例 Welcome to our house. 　私たちの家へようこそ。
☐	**You're welcome.**	どういたしまして。 例 Thank you. - You're welcome. 　ありがとう。−どういたしまして。

Kalego has some cute items, but he doesn't seem to be having a good time.

カルエゴはかわいいものを持っているが，楽しい時間を過ごしているようには見えない。

☐	**item** [áitəm] アイテム	【名】品，品物
☐	**seem** [síːm] スィーム	【動】～のように見える，思われる 類 look ～：～に見える 例 You seem to be thirsty. 　のどがかわいているようですね。
☐	**seem to ～**	～するように見える 例 He seems to be sick. 　彼は具合が悪いように見える。
☐	**have a good time**	楽しい時間を過ごす 例 We had a good time in Canada. 　私たちはカナダで楽しい時間を過ごした。

Kalego doesn't allow the students to escape.

カルエゴは生徒たちが逃げるのを許さない。

☐ **allow** [əláu] アラウ	【動】許す，認める
☐ **allow+人+to 〜**	（人）が〜するのを許可する 例 My mother allowed me to go out. 母は私が外出するのを許してくれた。
☐ **escape** [iskéip] イスケイプ	【動】逃げる 類 run away：逃げる
☐ **order+人+to 〜**	（人）に〜するように命令する 例 My teacher ordered me to hand in the homework. 先生は私に宿題を提出するように命令した。

They can't depend on their teacher.

彼らは先生には頼ることができない。

☐ **depend** [dipénd] ディペンド	【動】頼る ⇒ dependable【形】信頼できる
☐ **depend on 〜**	〜に頼る 例 Don't depend on others too much. 人を頼りすぎるな。

Jazz is pleased because his friends rely on him.

ジャズは友達が頼ってくれてうれしい。

☐	**pleased** [plíːzd] プリーズド	【形】うれしい 類 glad, happy：うれしい
☐	**rely** [riláí] リライ	【動】頼る 活 rely-relied-relied ⇒ reliance【名】信頼
☐	**rely on ～**	～に頼る 例 Don't rely on me.　私に頼るな。

Opera and Ameri will cooperate to defeat the yellow monster.

オペラとアメリは黄色いモンスターを倒すために協力する。

☐	**cooperate** [kouá(ː)pərèit] コウア（ー）ペレイト	【動】協力する
☐	**cooperation** [kouà(ː)pəréiʃən] コウア（ー）ペレイション	【名】協力，共同 用 international cooperation 国際協力
☐	**defeat** [difíːt] ディフィート	【動】(相手を) 負かす 例 Our team was defeated. 私たちのチームは負けた。
☐	**yellow** [jélou] イェロウ	【形】黄色い 【名】黄色

Jazz used the sound of a whistle to defeat the huge magic beast.

ジャズは巨大な魔獣を倒すために笛の音を使った。

☐ **sound** [sáund] サウンド	【名】音 【動】〜に聞こえる，思える
☐ **whistle** [(h)wísl] (フ)ウィスル	【名】笛，ホイッスル
☐ **make a sound**	音をたてる 例 Cats don't make sounds while they are walking. ネコは歩くときに音をたてない。
☐ **sound like 〜**	〜のように聞こえる，思える 例 That sounds like a good idea. それはいい考えのように思える。
☐ **Sounds good.**	いいですね。 例 Let's play tennis. − Sounds good. テニスをしよう。− いいね。

Kuromu sings to cheer up the adults and kids.

くろむは大人や子どもたちを元気づけるために歌う。

☐ **cheer** [tʃíər] チア	【動】元気づける ⇒ cheerful【形】陽気な

☐	**cheer up ～** **[cheer ～ up]**	～を元気づける 例 Let's cheer them up. 彼らを元気づけましょう。
☐	**adult** [ədʌ́lt] アダルト	【名】大人
☐	**kid** [kíd] キッド	【名】子ども 類 child：子ども 【動】からかう，冗談を言う 例 You're kidding.　冗談でしょう。

Opera recommended to Ameri that she should work for Sullivan after graduation.

オペラはアメリに，卒業したら，サリバンのもとで働くことを勧めた。

☐	**recommend** [rèkəménd] レコメンド	【動】勧める ⇒ recommendation【名】推薦
☐	**graduation** [græ̀dʒuéiʃən] グラヂュエイション	【名】卒業 用 graduation ceremony：卒業式
☐	**graduate** [græ̀dʒuèit] グラヂュエイト	【動】卒業する 用 graduate from junior high school 中学校を卒業する

第4章　ヤ　ダレス

ロビン先生の特別講座　　動名詞・不定詞

「動名詞」と「不定詞」の違いがわかると
表現がすごく広がるんだよ。

１．動名詞…〈動詞のing形〉で，「～すること」を表す。文の主語や補語，
目的語になったり，前置詞の後に置かれたりする。

例：<u>Reading</u> books is fun.（本を<u>読むこと</u>は楽しい）
　　　主語

２．不定詞…〈to＋動詞の原形〉

① 名詞的用法…「～すること」を表す。文の主語や補語，目的語になる。

例：Clara likes <u>to play</u> with Iruma.（クララは入間と<u>遊ぶこと</u>が好きだ）
　　　　　　　　目的語

※動名詞と同じように使われるが，目的語として使う
場合，動詞によって，「不定詞のみ」をとる，「動名
詞のみ」をとる，「両方」をとる，と決まっている。

② 形容詞的用法…名詞や，somethingなどの代名詞のあとに置いて，「～
　　　　　　　　　する（ための）」と，その名詞，代名詞に説明を加える。

例：Do you have something to drink?

（何か<u>飲む</u><u>もの</u>を持っていますか）

③ 副詞的用法

・「～するために」と目的を表す。

例：I came here to study Japanese.

（私は日本語を学ぶために<u>ここに来た</u>）

・感情を表す形容詞の後に置いて，「～して」と，その原因を表す。

例：Iruma was glad to make friends.

（入間は<u>友達を作って</u><u>うれしかった</u>）

■ 不定詞を使った表現

1. It is ... (for A) to ～. 「(Aにとって) ～することは…だ」

例：It's hard for Iruma to study.

to ～ の意味上の主語 ⎿⎯⎯⎯↑　　（<u>勉強することは入間にとって大変だ</u>）

※このitは形式的な主語で，
「それは」という意味はない。

2. want A to ～ 「Aに～してもらいたい」

例：Asmodeus wants Iruma to come to his house.

to ～ の意味上の主語 ⎿⎯⎯⎯↑

（アスモデウスは入間に<u>家に来て</u>もらいたい）

そのほかの〈動詞＋A＋to ～〉

・tell A to ～ 「Aに～するように言う」

・ask A to ～ 「Aに～するように頼む」

3.〈疑問詞＋to ～〉

・what to ～ 「何を～すべきか[すればよいか]」

例：Clara didn't know what to do.

（クララは<u>何をすればよいか</u>わからなかった）

・where to ～ 「どこで[に]～すべきか[すればよいか]」

例：Please tell me where to go.

（<u>どこに行けばよいか</u>私に教えてください）

・when to ～ 「いつ～すべきか[すればよいか]」

例：I know when to go there.　（<u>いつそこに行けばよいか</u>知っています）

・which（＋名詞＋）to ～

「どれを[どの…を]～すべきか[すればよいか]」

例：He didn't know which way to go.

（彼は<u>どの道を行けばよいか</u>知りませんでした）

・how to ～ 「どのように～すべきか[すればよいか]，～する方法」

例：Do you know how to open this box?

（<u>この箱の開け方</u>を知っていますか）

第4章　サダレス

Sentence

**Asmodeus and Sabnock fought
the magic beast and returned alive safely.**

アスモデウスとサブノックは魔獣と戦い，
無事に生還した。

Sentence

**The high-ranked demons saved
their students from the danger of death.**

高位階(ハイランク)悪魔たちが
生徒たちを死の危険から救った。

☐ **monster** [má(:)nstər] マ(ー)ンスタァ	【名】怪物，ばけもの；巨大なもの	

☐ **return**
[ritə́:rn] リターン

【動】帰る，もどる；返す，もどす
用 return to Japan：日本にもどる
【名】帰ること
用 in return：お返しに

☐ **alive**
[əláiv] アライヴ

【形】生きて（いる），生きた状態で
⇔ dead：死んだ

☐ **safely**
[séifli] セイフリィ

【副】安全に，無事に

☐ **safety**
[séifti] セイフティ

【名】安全，無事
⇔ danger：危険

☐ **safe**
[séif] セイフ

【形】安全な，無事な
比 safer-safest
⇔ dangerous：危険な
【名】金庫

☐ **survival**
[sərváivəl] サヴァイヴァル

【名】生き残ること；生存者
⇒ survive【動】生き残る

☐ **living**
[líviŋ] リヴィング

【形】生きて（いる）
用 living things：生物
⇔ dead：死んだ

☐ **scary**
[skéəri] スケアリィ

【形】（ものごとが）恐ろしい，こわい

☐ **terrible**
[térəbl] テリブル

【形】ものすごい，ひどい；恐ろしい
比 more terrible-most terrible

☐	**excited** [iksáitid] イクサイティド	【形】（人が）興奮した，わくわくした 例 I was excited.　私は興奮していた。
☐	**exciting** [iksáitiŋ] イクサイティング	【形】（人を）興奮させる 用 an exciting game：はらはらする試合
☐	**possible** [pá(:)səbl] パ（ー）スィブル	【形】可能な，〜できる；ありうる 比 more possible-most possible 用 as soon as possible：できるだけ早く
☐	**impossible** [impá(:)səbl] インパ（ー）スィブル	【形】不可能な，〜できない；ありえない 比 more impossible-most impossible
☐	**common** [kámən] カモン	【形】ふつうの；共通の 【名】共有地 用 common sense：常識，良識 　 in common：共通に
☐	**commonly** [kámənli] カモンリィ	【副】一般に，ふつう
☐	**danger** [déindʒər] デインヂァ	【名】危険 ⇔ safety：安全 例 He was in danger. 　 彼は危ない目にあった。
☐	**death** [déθ] デス	【名】死，死亡 ⇔ birth：誕生，life：生 ⇒ die【動】死ぬ，dead【形】死んだ
☐	**powerful** [páuərfəl] パウアフル	【形】強力な，力強い ⇒ power【名】力；権力

Iruma was ready to die and used his imagination.

入間は死を覚悟し, 想像力を働かせた。

☐	**ready** [rédi] レディ	【形】用意ができて 用 get ready：用意する
☐	**ready to ~**	喜んで~する, ~する用意ができている 例 Are you ready to start? 出発する用意はできた?
☐	**ready for ~**	~の用意ができている 例 Are you ready for the trip? 旅行の用意はできた?
☐	**die** [dái] ダイ	【動】死ぬ ⇔ live：生きる
☐	**dead** [déd] デッド	【形】死んだ, 死んでいる, (植物が) 枯れた 用 dead leaves：枯れた葉
☐	**imagination** [imædʒənéiʃən] イマヂネイション	【名】想像力, 想像；空想 ⇒ imagine【動】想像する
☐	**evil** [íːvəl] イーヴル	【形】邪悪な, 悪い；有害な； 不運な, 不吉な 【名】悪 ⇔ good：善
☐	**sacred** [séikrid] セイクレッド	【形】神聖な

☐	**true** [trúː] トゥルー	【形】本当の，真実の ⇔ false：間違った，うその 用 come true：実現する
☐	**scared** [skéərd] スケアド	【形】こわがって
☐	**unfair** [ʌnféər] アンフェア	【形】不公平な，不当な ⇔ fair：公平な
☐	**unfairly** [ʌnféərli] アンフェアリィ	【副】不公平に，不当に ⇔ fairly：公平に

After enjoying today, the real hero Iruma decided to change.

本当のヒーロー，入間は今日を楽しんだあと，変わる決心をした。

☐	**hero** [híːrou] ヒーロウ	【名】英雄；（小説などの）主人公
☐	**champion** [tʃǽmpiən] チャンピオン	【名】優勝者，チャンピオン
☐	**championship** [tʃǽmpiənʃip] チャンピオンシップ	【名】選手権
☐	**today** [tədéi] トゥデイ	【名】今日；現代 【副】今日は；現代では
☐	**yesterday** [jéstərdei] イェスタデイ	【名】きのう 【副】きのうは

☐	**the day after tomorrow**	あさって，明後日
☐	**the day before yesterday**	おととい，一昨日
☐	**tonight** [tənáit] トゥナイト	【名】今夜，今晩 【副】今夜は，今晩は
☐	**midnight** [mídnàit] ミドゥナイト	【名】真夜中
☐	**middle** [mídl] ミドゥル	【名】まん中 用 the middle of the city：市の中心 【形】まん中の
☐	**center** [séntər] センタァ	【名】中心，中央 用 the center of a circle：円の中心
☐	**variety** [vəráiəti] ヴァライエティ	【名】変化；多様性 用 a variety of 〜：いろいろな〜

Asmodeus and Clara cooked special dishes for Iruma.

アズくんとクララは入間のために
特別な料理を作った。

☐	**dish** [díʃ] ディッシ	【名】皿，大皿；料理
☐	**pot** [pát] パット	【名】つぼ，はち，深なべ，ポット 用 a cooking pot：料理用なべ

☐	**frying pan** [fráiiŋ pæn] フライイング パン	【名】フライパン ⇒ pan【名】(平たい) なべ
☐	**chopsticks** [tʃápstíks] チャプスティクス	【名】(食事用の) はし 注 複数形chopsticksで表す
☐	**knife** [náif] ナイフ	【名】ナイフ, 包丁 複 knives
☐	**fork** [fɔ́:rk] フォーク	【名】(食事で使う) フォーク 用 a knife and fork：ナイフとフォーク
☐	**spoon** [spú:n] スプーン	【名】スプーン, スプーン1杯の量
☐	**salt** [sɔ́:lt] ソールト	【名】塩, 食塩 ⇒ salty【形】塩気のある, 塩からい
☐	**sugar** [ʃúgər] シュガァ	【名】砂糖
☐	**pepper** [pépər] ペパァ	【名】こしょう;(植物の) トウガラシ 用 a green pepper：ピーマン
☐	**soy sauce** [sɔ́i sɔ́:s] ソイ ソース	【名】しょうゆ
☐	**mayonnaise** [méiənèiz] メイアネイズ	【名】マヨネーズ
☐	**vegetable** [védʒətəbl] ヴェヂタブル	【名】野菜 注 ふつう, 複数形で表す

☐ **meat** [míːt] ミート	【名】（食用の）肉	
☐ **soup** [súːp] スープ	【名】スープ	
☐ **egg** [ég] エッグ	【名】卵，にわとりの卵 用 boiled egg：ゆで卵	
☐ **cheese** [tʃíːz] チーズ	【名】チーズ	
☐ **yogurt** [jóugərt] ヨウガト	【名】ヨーグルト 注 yoghurtとも書く	
☐ **kitchen** [kítʃin] キチン	【名】台所，調理場	
☐ **recipe** [résəpi] レスィピ	【名】調理法，レシピ	
☐ **menu** [mén(j)uː] メヌー, メニュー	【名】メニュー，献立表	

Clara is singing a lullaby.

クララが子守唄を歌っている。

☐ **lullaby** [lʌ́ləbài] ララバイ	【名】子守歌 複 lullabies	

☐	**memory** [mémɚi] メモリィ	【名】記憶，記憶力；思い出 複 memories
☐	**childhood** [tʃáildhùd] チャイルドゥフド	【名】子どものころ，幼年時代
☐	**melody** [mélədi] メロディ	【名】メロディー，旋律 複 melodies
☐	**voice** [vɔ́is] ヴォイス	【名】声，音声 用 a soft voice：おだやかな声
☐	**amazing** [əméiziŋ] アメイズィング	【形】驚くべき，びっくりするほどよい
☐	**peace** [píːs] ピース	【名】平和；安らぎ ⇔ war：戦争 用 in peace：安らかに，平和に
☐	**sleepy** [slíːpi] スリーピィ	【形】眠い，眠そうな
☐	**asleep** [əslíːp] アスリープ	【形】眠って（いる） 用 fall asleep：眠りにつく

Ameri thought seriously about the plan for the aquarium date.

アメリは水族館デートのプランを真剣に考えた。

☐	**seriously** [sí(ə)riəsli] スィ(ア)リアスリィ	【副】まじめに，本気で； 重大に，（病気などが）重く ⇒ serious 【形】まじめな，本気の； 重大な

☐	**plan** [plæn] プラン	【名】計画，プラン；図面，設計図 【動】計画する；設計する 活 plan-planned-planned
☐	**aquarium** [əkwé(ə)riəm] アクウェ(ア)リアム	【名】水族館
☐	**date** [déit] デイト	【名】日付，日時，年月日；デート 用 have a date：デートをする
☐	**chance** [tʃæns] チャンス	【名】機会，チャンス；偶然，運 用 by chance：偶然に
☐	**successful** [səksésfl] サクセスフル	【形】成功した，うまくいった
☐	**crowded** [kráudid] クラウディド	【形】混み合った，混雑した 用 a crowded street：混雑した通り
☐	**awesome** [ɔ́:səm] オーサム	【形】すばらしい，最高の
☐	**bright** [bráit] ブライト	【形】光り輝く，明るい； 　　（色が）あざやかな 比 brighter-brightest
☐	**simple** [símpl] スィンプル	【形】簡単な，易しい　類 easy 　　質素な，飾りけのない　類 plain 比 simpler-simplest
☐	**thirsty** [θə́:rsti] サースティ	【形】のどがかわいた 比 thirstier-thirstiest
☐	**original** [ərídʒnəl] オリヂナル	【形】最初の，もとの；独創的な 用 an original plan：原案 ⇒ originally【副】本来；独創的に

☐ **full** [fúl] フル	【形】いっぱいの ⇔ empty：からの 例 This bottle is full of water. このびんは水でいっぱいだ。
☐ **another** [ənʌ́ðər] アナザァ	【形】もう1つの，もう1人の；ほかの 【代】もう1つ，もう1人 用 one after another：次々に
☐ **other** [ʌ́ðər] アザァ	【形】ほかの，別の 【代】他のもの，他の人 注 others：他人

Iruma finished his homework at last.

入間はやっと宿題を片付けた。

☐ **homework** [hóumwə̀ːrk] ホウムワーク	【名】宿題
☐ **at last**	とうとう，ついに
☐ **at first**	初めは，初めのうちは
☐ **break** [bréik] ブレイク	【名】休憩，短い休暇；中断 用 take a break：休憩する
☐ **repeat** [ripíːt] リピート	【動】くり返して言う，くり返す
☐ **design** [dizáin] ディザイン	【動】デザインをする 【名】デザイン，設計；設計図

Sullivan wants to see what kind of netherworld Iruma will create.

サリバンは，入間がどんな魔界を作るか見たいと思っている。

☐ **heal** [híːl] ヒール	【動】いやす，（傷などを）治す
☐ **whole** [hóul] ホウル	【形】全体の，全〜 【名】(the wholeで) 全体
☐ **rich** [rítʃ] リッチ	【形】金持ちの，裕福な； 　　　豊富な，豊かな 比 richer-richest ⇔ poor：貧しい
☐ **poor** [púər] プア	【形】貧しい　⇔ rich：金持ちの 　　　かわいそうな；へたな 　　　⇔ good：じょうずな
☐ **enough** [ináf] イナフ	【形】十分な 例 We have enough time. 　　時間は十分あります。 【副】十分に
☐ **real** [ríː(ə)l] リー(ア)ル	【形】実際の；本当の 比 more real-most real
☐ **effective** [iféktiv] イフェクティヴ	【形】効果的な，有効な

現在完了

現在完了は、〈have/has＋過去分詞〉の形だよ。次の3つの用法があるんだ。

■ **完了用法** …「ちょうど〜したところだ」、「すでに〜してしまった」と、過去に
始めた動作が完了した今の状態を表す。

We have <u>just</u> finished the homework.

(私たちはちょうど宿題を<u>終えたところだ</u>)

疑問文：Has Clara arrived <u>yet</u>?　　　　(クララは<u>もう</u>到着しましたか)

　　　　− Yes, she has. / No, she hasn't.

　　　　(はい、到着しました) ／ (いいえ、まだ到着していません)

否定文：I haven't found the seed <u>yet</u>.

(私は<u>まだ</u>その種を見つけていません)

過去形と同じように見えるかもしれないけれど、あくまでも「今の状態」を
表すので、過去を表す語句とはいっしょに使えないんだよ。

We ~~have arrived~~ here an hour ago.

　　〇arrived　　　　　過去を表す語

■ **経験用法** …「〜したことがある」と、過去にした経験が今あることを表す。

I have seen this movie.　　　　　　(私はこの映画を見たことがある)

疑問文：Have you <u>ever</u> seen a demon?

(あなたは<u>今までに</u>悪魔に会ったことがありますか)

　　　　− Yes, I have. / No, I haven't.

　　　　(はい、あります) ／ (いいえ、ありません)

否定文：We have <u>never</u> been to a zoo.

(私たちは<u>一度も</u>動物園に行ったことがありません)

「〜に行ったことがある」はhave/has been to 〜 で表すよ。

■ 継続用法 …「ずっと〜している」と，過去に始まった動作や状態が現在も続いていることを表す。

Iruma has been hungry <u>since</u> this morning.

（入間は今朝<u>から</u>空腹だ）

He has been a teacher at this school <u>for</u> ten years.

（彼は10年間，この学校で教師をしている）

疑問文：Has he taught math <u>for</u> a long time?

（彼は長い<u>間</u>，数学を教えていますか）

－ Yes, he has. / No, he hasn't.

（はい，教えています）／（いいえ，教えていません）

否定文：She hasn't eaten anything <u>for</u> two days.

（彼女は2日<u>間</u>，何も食べていません）

「どのくらいの間」

How long have you lived in this city?

（あなたは<u>どのくらいの間</u>，この市に住んでいますか）

－ <u>For</u> three years. / <u>Since</u> I was ten.

（3年<u>間</u>です）／（10歳の<u>ころから</u>です）

■ 継続用法（現在完了進行形）…〈have/has been＋動詞のing形〉の形。「ずっと〜し続けている」と，過去に始まった動作が現在も進行中であることを表す。

Iruma has been practicing dodgeball <u>for</u> four hours.

（入間は4時<u>間</u>ずっとドッジボールを練習し続けている）

疑問文：Have you been playing video games <u>since</u> this morning?

（あなたは今朝からずっとテレビゲームをし続けているのですか）

－ Yes, I have. / No, I haven't.

（はい，し続けています）／（いいえ，し続けていません）

「状態」は継続用法，「動作」は現在完了進行形を使って表すことが多いよ。

アリさんの豆知識　熟語

お待たせ！　俺ちんのコーナーだ！
熟語をまとめておいたから，しっかり覚えろよ！

a few	少数の, いくらかの		**less than ～**	～より少ない
a kind of ～	～の一種, 一種の～		**little by little**	少しずつ
according to ～	～によれば		**Long time no see.**	久しぶりですね。
a little	少し		**more than ～**	～より多くの
because of ～	～のために		**most of ～**	～の大部分, ほとんど
by ～self	一人で, 自力で		**No, thank you.**	いいえ, けっこうです。
catch a cold	かぜをひく		**not only ～ but (also) ...**	～だけでなく…もまた
change to ～	～に乗りかえる			
die of ～	～で死ぬ		**on the other hand**	他方では, これに対して
enjoy ～self	楽しむ, 楽しく過ごす		**on the way (back) to ～**	～へ行く(もどる)途中で
... enough to ～	～するのに必要なだけの…			
even if ～	たとえ～であっても		**prepare for ～**	～に備える
			run out of ～	～を使い果たす
first of all	まず第一に, まず最初に		**say hello to ～**	～によろしくと言う
get well	健康を回復する		**thank you for ～**	～をありがとう
give up	あきらめる		**throw ～ away [throw away ～]**	～を捨てる
Here you are.	はい, どうぞ。			
in my opinion	私の意見では		**What's wrong?**	どうかしたのですか。
keep in touch	連絡を取り合う		**～ year(s) old**	～歳

第5章

ヘー

いよいよ収穫祭。
位階(ランク)昇級を目指した
特訓の成果が試される。

Sentence

The new semester has begun.
There are many events.

†††

新学期が始まった。多くの行事がある。

The new teachers have appeared in front of the students.

新しい先生たちが生徒たちの前に現れた。

☐	**begin** [bigín] ビギン	【動】始める；始まる 活 begin-began-begun 類 start：始める；始まる
☐	**event** [ivént] イヴェント	【名】行事，イベント 用 school event：学校行事
☐	**appear** [əpíər] アピア	【動】現れる，出現する ⇒ appearance【名】外見
☐	**disappear** [dìsəpíər] ディサピア	【動】絶滅する，消える 類 die out：絶滅する
☐	**front** [fránt] フラント	【名】前 ⇔ back：後ろ
☐	**in front of ～**	～の前に 用 in front of my house 　私の家の前に
☐	**next to ～**	～のとなりに 用 next to the post office 　郵便局のとなりに
☐	**between ～ and ...**	～と…の間に 用 between Asmodeus and Clara 　アスモデウスとクララの間に

Iruma and Lead are so surprised and making funny faces.

入間とリードはとても驚いて, おもしろい顔をしている。

☐ **surprised** [sərpráizd] サプライズド	【形】驚いて 類 surprising：驚くべき
☐ **be surprised at ～**	～に驚く 例 I was surprised at the news. 私はその知らせに驚いた。
☐ **face** [féis] フェイス	【名】顔 【動】直面する 用 face a serious problem 重大な問題に直面する
☐ **eye** [ái] アイ	【名】目 注 eyes：両目
☐ **ear** [íər] イア	【名】耳 注 ears：両耳
☐ **nose** [nóuz] ノウズ	【名】鼻
☐ **mouth** [máuθ] マウス	【名】口 複 mouths
☐ **tooth** [túːθ] トゥース	【名】歯 複 teeth 例 I brush my teeth three times a day. 私は1日3回歯をみがく。

Iruma made Bachiko wait for five minutes, so she is angry.

バチコは怒っている。入間はバチコを5分待たせたのだ。

□	**wait** [wéit] ウェイト	【動】待つ 用 wait for ～：～を待つ
□	**minute** [mínit] ミニト	【名】(時間の) 分 例 Wait a minute.　ちょっと待って。
□	**hour** [áuər] アウア	【名】時間 用 for many hours：何時間も
□	**angry** [ǽŋgri] アングリィ	【形】怒った，腹を立てた 例 My mother got angry at me. 母に怒られた。

Iruma and Lead are serving tea and cake in girls' clothes.

入間とリードは女の子の服を着てお茶とケーキを出している。

□	**serve** [sə́:rv] サーヴ	【動】提供する 例 This restaurant serves Italian food. このレストランはイタリア料理を提供する。
□	**clothes** [klóuz] クロウズ	【名】衣類 用 summer clothes：夏服

Clara and Elizabetta are going to hold a meeting before going to bed.

クララとエリザベッタは寝る前に会議を開く予定だ。

☐ **hold** [hóuld] ホウルド	【動】開催する；持つ，つかむ 活 hold-held-held
☐ **meeting** [míːtiŋ] ミーティング	【名】会議，ミーティング 用 a meeting place：集会所

Bachiko has just remembered what to do for her job.

バチコはちょうど仕事で何をするべきか思い出した。

☐ **just** [dʒʌst] ヂャスト	【副】ちょうど；ただ〜だけ 例 I've just left home. 私はちょうど家を出たところだ。
☐ **remember** [rimémbər] リメンバァ	【動】思い出す；覚えている 例 I remember reading this book. 私はこの本を読んだことを覚えている。 Remember to post this letter. 忘れずにこの手紙を投かんして。
☐ **job** [dʒáb] ヂャブ	【名】仕事 例 Good job.　よくできました。

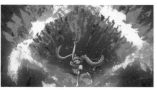

Bachiko's family is famous for their ability in archery.

バチコの家族は弓矢の能力で知られている。

☐ **famous** [féiməs] フェイマス	【形】有名な
☐ **be famous for 〜**	〜で有名だ 例 My city is famous for its festival. 私の市は祭りで有名だ。
☐ **ability** [əbíləti] アビリティ	【名】能力 類 skill：腕前，技術

Iruma feels sad because his bow was broken by Bachiko.

入間はバチコに弓を壊されて悲しんでいる。

☐ **feel** [fíːl] フィール	【動】感じる 活 feel-felt-felt 例 I feel happy to see Iruma. 入間に会えてうれしい。 ⇒ feeling 【名】感情
☐ **sad** [sǽd] サッド	【形】悲しい ⇔ happy：うれしい
☐ **break** [bréik] ブレイク	【動】壊す；壊れる 活 break-broke-broken

Iruma was able to create his own bow.

入間は自分自身の弓を作り出せた。

☐ **be able to ～**

～することができる

例 Lead is able to play video games well.
リードはテレビゲームがうまくできる。

☐ **create**
[kriéit] クリエイト

【動】生み出す，作り出す
⇒ creature【名】生き物

☐ **own**
[óun] オウン

【形】～自身の
用 your own hands：あなた自身の手

The teachers are explaining the rules of the festival and how to get scores.

先生たちが祭りのルールと点の取り方を
説明している。

☐ **explain**
[ikspléin] イクスプレイン

【動】説明する
⇒ explanation【名】説明

☐ **rule**
[rú:l] ルール

【名】規則，ルール
用 break the rules：規則を破る

☐ **score**
[skɔ́:r] スコーァ

【名】得点，点数
用 get a perfect score：満点を取る

Keroli has become the queen of the magic beasts in the forest.

ケロリは森の魔獣の女王になった。

☐ **become**
[bikʌ́m] ビカム

【動】〜になる
活 become-became-become
例 I want to become a doctor.
私は医者になりたい。

☐ **queen**
[kwíːn] クウィーン

【名】女王　⇔ king：王
類 princess：王女

☐ **king**
[kíŋ] キング

【名】王　⇔ queen：女王
類 prince：王子

☐ **forest**
[fɔ́(:)rist] フォ(ー)レスト

【名】森
注 rainforest：熱帯雨林

Iruma has no problems in this tough environment.

入間にはこの困難な環境も問題ではない。

☐ **problem**
[prɑ́bləm] プラブレム

【名】問題
例 No problem.　問題ない。

☐ **tough**
[tʌ́f] タフ

【形】困難な，難しい
類 hard：難しい，困難な

☐ **environment**
[invái(ə)rənmənt]
インヴァイ(ア)ロンメント

【名】環境
⇒ environmental【形】環境の

Someone is watching from behind the bushes.

しげみの後ろから，だれかが見ている。

☐ **someone**
[sʌ́mwʌ̀n] サムワン

【代】だれか
例 Someone is in my room.
だれかが私の部屋にいる。

☐ **behind**
[biháind] ビハインド

【前】〜の後ろに［で］
⇔ in front of 〜：〜の前に

Elizabetta was so attractive that Lead could not hide his harvest. She received it.

エリザベッタは魅力的で，リードは収穫物を
隠せなかった。彼女はそれを受け取った。

☐ **so 〜 that ...**

とても〜なので…
例 Iruma is so kind that we like him.
入間はとても親切なので，私たちは彼が
好きだ。

☐ **attractive**
[ətrǽktiv] アトゥラクティヴ

【形】魅力的な
類 charming：魅力的な

☐ **attract**
[ətrǽkt] アトゥラクト

【動】ひきつける

☐ **hide**
[háid] ハイド

【動】隠す；隠れる
活 hide-hid-hidden

☐ **receive**
[risíːv] リスィーヴ

【動】受け取る
⇒ reception【名】受付；歓迎（会）

受動態・分詞の形容詞的用法

「受動態」ってーと難しく聞こえるかもしんねぇけど，
要するに，「〜される」，「〜された」を表す形のことさ。

■ 受動態（受け身）…「〜される」，「〜された」を表す形

The amusement park <u>was destroyed by</u> The Six Fingers.

〈be動詞＋動詞の過去分詞＋by 〜〉

(その遊園地は六指衆によって破壊された)

疑問文：Was the amusement park destroyed by The Six Fingers?

(その遊園地は六指衆によって破壊されましたか)

「〜される」，「〜された」は，〈be動詞＋動詞の過去分詞〉で表すんだ。「〜によって」というときは，by 〜 を使えよ。疑問文にするときはbe動詞を主語の前に，否定文にするときはbe動詞のあとにnotを置きゃあいいんだ。

■ 分詞の形容詞的用法 … 分詞が名詞に説明を加える形

「分詞」ってのには「現在分詞（＝動詞のing形）」と
「過去分詞」の2つがあるんだ。

① 現在分詞は「〜している」という意味を名詞に加える。

<u>That boy</u> running over there is my brother.

「あの男の子」　「あそこを走っている」

(あそこを走っているあの男の子は私の弟だ)

② 過去分詞は「〜された[されている]」という意味を名詞に加える。

He bought a car made in Italy.

「車」　「イタリアで作られた」

(彼はイタリアで作られた車を買った)

上の2つの例文では〈分詞＋語句〉が名詞のあとに置かれてっけど，〈分詞〉が1語だけで説明を加えるときは，a used bag「中古の（＝使われた）かばん」みたいに名詞の前に置くんだ。

Sentence

Iruma and Lead are sleeping for tomorrow.
入間とリードは明日に備えて眠っている。

Sentence

Asmodeus and Sabnock have been trying to hunt the big bird without sleeping.
アスモデウスとサブノックは眠らずにずっと
その大きな鳥を狩ろうとしている。

☐ **sleep** [slíːp] スリープ	【動】眠る 活 sleep-slept-slept	
☐ **tomorrow** [təmɔ́ːrou] トゥモーロウ	【名】明日 【副】明日は ⇒ day after tomorrow：あさって	
☐ **try to 〜**	〜しようとする 例 We tried to speak English. 私たちは英語を話そうとした。	
☐ **hunt** [hʌ́nt] ハント	【動】〜を狩る	
☐ **without** [wiðáut] ウィズアウト	【前】〜なしで 用 without running：走らずに	

Garp invited students to the castle and let them take a rest.
ガープは生徒たちを城に招いて，休憩させた。

☐ **invite** [inváit] インヴァイト	【動】〜を招待する，招く ⇒ invitation【名】招待；招待状	
☐ **let** [lét] レット	【動】(人) に〜させる 用 let me know：私に知らせる	
☐ **rest** [rést] レスト	【名】休み，休憩 【動】休む，休憩する	
☐ **take a rest**	休憩する 例 Let's take a rest at that restaurant. あのレストランで休憩しましょう。	

Kalego fights against monsters to save students in the forest.

カルエゴは森で生徒たちを救うために
モンスターと戦う。

☐ **fight** [fáit] ファイト	【動】戦う 活 fight-fought-fought
☐ **against** [əgénst] アゲンスト	【前】～に反対して，～に反抗して ⇔ for：～に賛成して
☐ **fight against ～**	～と戦う 例 We fought against our enemy. 私たちは敵と戦った。
☐ **save** [séiv] セイヴ	【動】（危険などから）助ける，救う 注 help：助ける，手伝う

This is the castle built by Agares.

これはアガレスが建てた城だ。

☐ **castle** [kǽsl] キャスル	【名】城
☐ **build** [bíld] ビルド	【動】建てる 活 build-built-built

The brothers got injured in a war.

その兄弟はいくさで傷ついた。

□ **injured** [índʒərd] インヂャド	【形】傷ついた ⇒ injure【動】傷つける
□ **get injured**	けがをする 例 My father got injured in a car accident. 父は車の事故でけがをした。
□ **war** [wɔ́ːr] ウォーァ	【名】戦争 用 World War II：第二次世界大戦

They don't notice that they are making a mistake.

彼らは間違えていることに気づいていない。

□ **notice** [nóutis] ノウティス	【動】気がつく
□ **mistake** [mistéik] ミステイク	【名】間違い 【動】間違える 活 mistake-mistook-mistaken
□ **make a mistake**	間違える 例 I made a mistake on the math test. 私は数学のテストで間違えた。
□ **by mistake**	間違って，誤って 例 I called Ms. Smith by mistake. 私は間違ってスミスさんに電話をした。

Camui can translate other animals' languages.

カムイはほかの動物の言語を翻訳できる。

□ **translate** [trǽnsleit] トゥランスレイト	【動】翻訳する 用 translate English into Japanese 英語を日本語に翻訳する
□ **language** [lǽŋgwidʒ] ラングウィヂ	【名】言語

Camui is sure that Keroli is the most beautiful and the strongest.

カムイはケロリがいちばん美しくて強いと確信している。

□ **be sure** **(that) ～**	～と確信している 例 I'm sure you will win. 私はあなたが勝つと確信している。
□ **strong** [stró(ː)ŋ] ストゥロ(ー)ング	【形】強い ⇔ weak：弱い

If you want the seed, you need to tell Toto the Genie an interesting story.

種がほしければ，魔神トートーにおもしろい話をする必要がある。

□ **seed** [síːd] スィード	【名】(草木の) 種，種子

	interesting [íntəristiŋ] インタレスティング	【形】興味深い，おもしろい 比 more interesting-most interesting
	story [stɔ́:ri] ストーリィ	【名】話，物語 用 tell a story：物語を話す

Iruma was taken to various dangerous places when he was little.

入間は幼いころ，さまざまな危ない場所に連れていかれた。

	take ~ to ...	~を…に連れていく 例 I often took my brother to the park. 私はよく弟を公園に連れていった。
	various [vé(ə)riəs] ヴェ(ア)リアス	【形】さまざまな ⇒ variety【名】変化，多様（性）
	dangerous [déindʒ(ə)rəs] デインヂ(ャ)ラス	【形】危険な ⇒ danger【名】危険

Iruma was impressed with the fantastic view.

入間はすばらしい風景に感動した。

	fantastic [fæntǽstik] ファンタスティク	【形】すばらしい，すてきな

第5章 ジ ヘー

☐ **view** [vjú:] ヴュー	【名】景色 用 great view：すばらしい景色

Asmodeus was worried about Iruma but decided to wait for him.

アスモデウスは入間が心配だったが，待つことに決めた。

☐ **be worried about ～**	～のことを心配する
☐ **decide to ～**	～することに決める，～しようと決心する 例 He decided to survive in this world. 彼はこの世界で生き残ることを決心した。

Lead believes he was like the main character.

リードは自分が主人公のようだったと信じている。

☐ **believe** [bilí:v] ビリーヴ	【動】信じる 類 trust：信用する，信頼する
☐ **main** [méin] メイン	【形】主な，主要な ⇒ mainly【副】主に
☐ **character** [kǽrəktər] キャラクタァ	【名】登場人物

バチコ特別講師の講座　間接疑問・仮定法

文の形はそんなに複雑じゃねぇから，
まずは例文を見てみな。

■ 間接疑問 … 疑問文が，ほかの文の中に入りこんだもの

Do you know? + Who is he? ⇒ Do you know who he is?

〈疑問詞 + 主語 + 動詞〉 = 肯定文の語順

（あなたは彼がだれか知っていますか）

Do you know? と Who is he? という2つの文をくっつけるとき，Who is he?
の語順が〈疑問詞 + 主語 + 動詞〉の語順，つまりwho he isになるんだ。これ
が「間接疑問」だ！

■ 仮定法 … 現実とは異なる内容を述べる形

お前も「金があったらなぁ」と思ったことあるだろ？
それが仮定法の文だよ。

・I wish I had a lot of money.（たくさんのお金を持っていればなあ）
　現実は… I don't have a lot of money.（私はたくさんのお金を持っていない）
・If I were rich, I could buy the sweets.

　　　　　（もしお金持ちならば，そのお菓子を買えるのに）

　現実は… I'm not rich, so I can't buy the sweets.

　　　　　（私はお金持ちではないので，そのお菓子を買うことができない）

仮定法は，「現実と異なる内容」や「起こる可能性がほとんどない内容」を言
うときに使うんだ。〈I wish + 主語 + （助）動詞の過去形 〜.〉か，〈If + 主語 +
動詞の過去形 〜, 主語 + could[would] + 動詞の原形 ….〉の形だ。be動詞を使
うときは，主語がIや三人称単数でもwereを使うことがあるから注意な。

Sentence

Leave it to me!

†††

ぼくに任せて！

| □ | **leave**
[líːv] リーヴ | 【動】去る，出発する；置いていく；
　　任せる
用 leave home：家を出る |

Garp has succeeded in protecting the girls and is surrounded by them.

ガープは女の子たちを守ることに成功し，彼女たちに囲まれている。

□	**succeed** [səksíːd] サクスィード	【動】成功する
□	**succeed in** **〜ing**	〜することに成功する 例 We succeeded in finishing the job. 　私たちはその仕事を終えることに成功 　した。
□	**success** [səksés] サクセス	【名】成功 用 make a success of 〜 　〜を成功させる
□	**protect** [prətékt] プロテクト	【動】守る，保護する ⇒ protection【名】保護
□	**surround** [səráund] サラウンド	【動】囲む 例 Japan is surrounded by the sea. 　日本は海に囲まれている。

第5章 **g** へ〜

Those boys followed Elizabetta and were caught by her.

男子たちはエリザベッタについていき，彼女に捕らえられた。

☐ **follow**
[fálou] ファロウ

【動】ついていく，従う，
（規則などを）守る
用 follow the rules：規則を守る
follow him：彼についていく

☐ **catch**
[kǽtʃ] キャッチ

【動】捕まえる
活 catch-caught-caught

Iruma is concentrating on shooting the arrow.

入間は矢を射ることに集中している。

☐ **concentrate**
[kánsəntreit]
カンセントゥレイト

【動】集中する
⇒ concentration【名】集中，集中状態

☐ **concentrate
on ～**

～に集中する
例 You should concentrate on the game.
あなたは試合に集中するべきだ。

☐ **shoot**
[ʃúːt] シュート

【動】撃つ，射る；シュートする；
撮影する
用 shoot a movie：映画を撮影する

Ocho has collected and stored a lot of valuable harvest to support Orobas.

オチョはオロバスを支援するために多くの価値ある収穫物を集めて蓄えている。

□	**collect** [kəlékt] コレクト	【動】集める ⇒ collection【名】収集；収集物
□	**store** [stɔ́:r] ストーァ	【動】蓄える 【名】店，商店
□	**valuable** [vǽlju(ə)bl] ヴァリュ(ア)ブル	【形】価値のある ⇒ value【名】価値
□	**support** [səpɔ́:rt] サポート	【動】支援する，応援する ⇒ supporter【名】支持者

Jazz and Allocer considered the plan to get back Pot of the End from Orobas.

ジャズとアロケルは,オロバスから終わりの鉢を取り返す計画を練った。

□	**consider** [kənsídər] コンスィダァ	【動】よく考える，熟慮する

☐ **get back ～**　　～を取り返す

Clara has kept playing with magic beasts and taken a huge amount of energy from them.

クララは魔獣と遊び続け,彼らから巨大な量のエネルギーを吸い取った。

☐ **keep** [kíːp] キープ	【動】～のままでいる；保つ；保存する 活 keep-kept-kept 用 keep silent：静かなままでいる
☐ **keep ～ing**	～し続ける 例 They kept running for two hours. 　彼らは2時間，走り続けた。
☐ **huge** [hjúːdʒ] ヒューヂ	【形】巨大な ⇔ tiny：とても小さい
☐ **amount** [əmáunt] アマウント	【名】量；額 用 a large amount of ～：大量の～
☐ **energy** [énərdʒi] エナヂィ	【名】エネルギー ⇒ energetic【形】活発な

Legend Leaf is different from the one everyone imagined.

レジェンドリーフはみんなが想像していたのとちがっている。

imagine

[imǽdʒin] イマヂン

【動】想像する
⇒ imagination【名】想像，想像力

Iruma and Lead finally won.
Their classmates are celebrating
them.

入間とリードはついに優勝した。
クラスメートが彼らを祝福している。

finally

[fáinəli] ファイナリィ

【副】ついに，やっと
⇒ final【形】最後の，最終の

celebrate

[séləbrèit] セレブレイト

【動】祝う
⇒ celebration【名】祝福

Iruma and Lead wore king
costumes under the pink
flowers.

入間とリードはピンクの花の下で王の衣装を
着ていた。

wear
[wéər] ウェア

【動】着ている，身につけている
活 wear-wore-worn

costume
[kást(j)u:m]
カストゥーム, カステューム

【名】衣装

Clara and Asmodeus stay close
to Iruma. They and Iruma don't
want to be away from each other.

クララとアスモデウスは入間の近くにいる。
彼らと入間は離ればなれになりたくない。

close
(形)[klóus] クロウス
(動)[klóuz] クロウズ

【形】近い
【動】閉める，閉まる

close to ～

～に近い
例 The shop is close to the station.
その店は駅に近い。

away
[əwéi] アウェイ

【副】離れて
用 stay away from ～：～から離れている

each
[íːtʃ] イーチ

【形】それぞれの
類 every：毎～，～ごとに

each other

お互い（に，を）
例 We know each other.
私たちはお互いを知っている。

Elizabetta looks like a queen. The boys around her treat her as the queen.

エリザベッタは女王のようだ。
まわりの男の子たちは彼女を女王として扱う。

look like ～

～のように見える
例 That cloud looks like an angel.
あの雲は天使のように見える。

treat
[tríːt] トゥリート

【動】扱う
⇒ treatment【名】治療

as
[ǽz] アズ

【前】～として
用 work as a teacher：教師として働く

Kalego ordered the most expensive drink. Sullivan will pay for it.

カルエゴはいちばん高い飲み物を注文した。支払いはサリバンである。

☐ **order** [ɔ́:rdər] オーダァ	【動】注文する，命令する 【名】注文 例 May I have your order? ご注文を伺いましょうか。
☐ **expensive** [ikspénsiv] イクスペンスィヴ	【形】高価な，値段の高い 比 more expensive-most expensive ⇔ cheap：安い
☐ **cheap** [tʃí:p] チープ	【形】(品物・料金が) 安い 注「安く買う」はbuy at a low price ⇔ expensive：高価な，値段の高い
☐ **pay** [péi] ペイ	【動】(代金などを) 払う 用 pay 30 dollars for the cap その帽子に30ドル支払う

Kalego has got the golden statue of Sullivan.

カルエゴはサリバンの黄金の像を手に入れた。

☐ **golden** [góuldn] ゴウルドゥン	【形】金色の ⇒ gold【名】金，黄金
☐ **statue** [stǽtʃu:] スタチュー	【名】像 用 build a statue：像を建てる

☐ **though** [ðóu] ゾウ	**【接】～だけれども** 例 Though I was busy, I helped him. 私は忙しかったが，彼を手伝った。	

In this video game, players can stop going on the adventure and even get married.

このテレビゲームでは，プレーヤーは冒険に行くのをやめて結婚さえできる。

☐ **video** [vídiòu] ヴィディオウ	**【名】動画，ビデオ** 用 record a video：動画を録る
☐ **video game** [vídiou gèim] ヴィディオウ ゲイム	**【名】テレビゲーム** 用 play a video game テレビゲームをする
☐ **stop** [stáp] スタップ	**【動】やめる，止まる** **【名】(バスなどの) 停留所** 用 bus stop：バス停
☐ **stop ～ing**	**～するのをやめる** 例 Stop talking in class. 授業中に話すのをやめなさい。
☐ **adventure** [ədvéntʃər] アドゥヴェンチァ	**【名】冒険**
☐ **even** [í:vən] イーヴン	**【副】～でさえ** 例 Even a small child can solve the problem. 小さな子どもでさえその問題を解ける。

☐	**marry** [mǽri] マリィ	【動】結婚する 例 Will you marry me? 私と結婚してくれますか。 ⇒ married【形】結婚している marriage【名】結婚
☐	**get married (to ～)**	（～と）結婚する 例 That woman got married last month. あの女性は先月結婚した。

Opera found out that Iruma and Ameri didn't know how to make sweets at all.

オペラは，入間とアメリがお菓子の作り方をまったく知らないことに気づいた。

☐	**find** [fáind] ファインド	【動】見つける，発見する；気がつく， わかる 活 find-found-found
☐	**find out**	～を知る，わかる 例 How did you find out? どうしてわかったの？
☐	**sweets** [swíːts] スウィーツ	【名】甘いお菓子 類 candy：キャンデー

第5章 じへー

Ameri baked the cookies for Iruma and put them in a cute bag.

アメリは入間のためにクッキーを焼き，かわいい袋に入れた。

☐	**bake** [béik] ベイク	【動】（パン・ケーキなどを）焼く
☐	**cookie** [kúki] クキィ	【名】クッキー 複 cookies
☐	**put** [pút] プット	【動】置く，入れる 活 put-put-put
☐	**put ～ in ...**	～を…に入れる 例 Please put some water in this bottle. このびんに水をいくらか入れてください。

Bachiko plans to take care of Iruma. However, Iruma is taking care of Bachiko.

バチコは入間の世話をするつもりだが，入間がバチコの世話をしている。

☐	**care** [kéər] ケア	【名】世話 例 Take care. お大事に。
☐	**take care of ～**	～の世話をする，～に気をつける 例 Clara often takes care of her little brothers. クララはよく弟たちの世話をする。

☐ **however** [hauévər] ハウエヴァ	【副】しかしながら，けれども 類 but：しかし，でも	

Iruma has something to tell Asmodeus and Clara.
He thanks both of them very much.

入間はアスモデウスとクララに話がある。2人に本当に感謝している。

☐ **something** [sʌ́mθiŋ] サムスィング	【代】何か，あるもの 用 something to drink：何か飲むもの
☐ **anything** [éniθiŋ] エニスィング	【代】〔疑問文で〕何か，あるもの 〔否定文で〕何も（…ない） 例 Do you need anything else? ほかに何か必要ですか？ He doesn't have anything to eat. 彼は食べるものを何も持っていません。
☐ **both** [bóuθ] ボウス	【代】両方
☐ **both of ～**	**～の両方** 例 Both of us are from Japan. 私たちは2人とも日本出身だ。
☐ **advice** [ədváis] アドゥヴァイス	【名】アドバイス，助言 ⇒ advise【動】助言する，忠告する

関係代名詞

関係代名詞って知ってっか？ その使い方を，
あッチがばちこんと教えてやるぜ。

■ 関係代名詞とは?

関係代名詞にはwho, which, thatなどがあって，直前にある名詞（＝先行詞）
に説明を加えるはたらきをもっているんだ。あ？ よくわからん？ しかたねぇ，
実際に文を見て解説してやるよ。

① 主格の関係代名詞

私たちは トランペットを演奏できる 生徒を必要としている。
We need a student who[that] can play the trumpet.
先行詞は「生徒」

> 上の文では，who[that]以降の部分がその直前にあるa studentを説明してい
> るんだ。で, a studentはcan play the trumpetの意味上の主語にあたるだろ？
> だからこのwho[that]を「主格の関係代名詞」って言うんだ。

② 目的格の関係代名詞

これらは ぼくたちが前に見たことがある 花です。
These are flowers (which[that]) we have seen before.
先行詞は「花」

> こっちの文では，which[that]以降の部分がその直前にあるflowersを説明し
> ている。このflowersはseenの目的語にあたる。この関係代名詞which[that]
> を「目的格の関係代名詞」って言うんだ。ちなみに，目的格の関係代名詞は
> 省略されることもあるから，文の作りに気をつけろよ。

> あ，whoは先行詞が「人」の場合に，whichは「もの」の場合
> に，thatは「人」と「もの」の両方に使えるんだ。
> そのことも忘れねぇようにな！

🦋 索引

184

186

187

T

A
B
C
D
E
F
G
H
I
J
K
L
M
N
O
P
Q
R
S
T
U
V
W
X
Y
Z

【クレジット】
カバーイラスト／バンダイナムコピクチャーズ
　　　　　　　原 由美子（原画），高谷知恵（仕上げ），
　　　　　　　福田直征（特効）
カバーデザイン／小口翔平＋畑中茜（tobufune）
本文デザイン／大悟法淳一（ごぼうデザイン事務所）
監修・制作協力／西山玲央奈（秋田書店）
　　　　　　　加藤丈智、小原早織、大井紗奈、三枝藍
　　　　　　　（NHKエンタープライズ）
DTP／G-clef, 河源社
校　正／鴎来堂，Brooke Lathram-Abe
編集協力／有限会社マイプラン
　　　　　　門脇昌子，桑原大樹，丹羽治枝，村田有花
編　集／宮原大樹

中学3年間の必須英単語が1冊で身につく
魔入りました！入間くんと学ぶ　悪魔の英単語教典

2024年2月28日　初版発行

原作／西 修

英語監修／阿部 杏子

発行者／山下 直久

発行／株式会社KADOKAWA
〒102-8177　東京都千代田区富士見2-13-3
電話 0570-002-301（ナビダイヤル）

印刷所／大日本印刷株式会社

製本所／大日本印刷株式会社

●お問い合わせ
https://www.kadokawa.co.jp/（「お問い合わせ」へお進みください）
※内容によっては、お答えできない場合があります。
※サポートは日本国内のみとさせていただきます。
※Japanese text only

定価はカバーに表示してあります。